Was ist künstliche Intelligenz?

Hannu Toivonen · Stefan Kramer

Was ist künstliche Intelligenz?

100 Fragen und Antworten

Hannu Toivonen
Department of Computer Science
University of Helsinki
Helsinki, Finland

Stefan Kramer
Institut für Informatik
Johannes Gutenberg-Universität Mainz
Mainz, Deutschland

ISBN 978-3-658-49786-6   ISBN 978-3-658-49787-3 (eBook)
https://doi.org/10.1007/978-3-658-49787-3

Die Deutsche Nationalbibliothek verzeichnet diese Publikation in der Deutschen Nationalbibliografie; detaillierte bibliografische Daten sind im Internet über https://portal.dnb.de abrufbar.

Übersetzung und Aktualisierung der finnischen Ausgabe: „Mitä tekoäly on – 100 kysymystä ja vastausta" von Hannu Toivonen und Stefan Kramer, © Hannu Toivonen 2023. Veröffentlicht durch TEOS VERLAG. Alle Rechte vorbehalten.

© Der/die Herausgeber bzw. der/die Autor(en), exklusiv lizenziert an Springer Fachmedien Wiesbaden GmbH, ein Teil von Springer Nature 2025

Das Werk einschließlich aller seiner Teile ist urheberrechtlich geschützt. Jede Verwertung, die nicht ausdrücklich vom Urheberrechtsgesetz zugelassen ist, bedarf der vorherigen Zustimmung des Verlags. Das gilt insbesondere für Vervielfältigungen, Bearbeitungen, Mikroverfilmungen und die Einspeicherung und Verarbeitung in elektronischen Systemen.
Die Wiedergabe von allgemein beschreibenden Bezeichnungen, Marken, Unternehmensnamen etc. in diesem Werk bedeutet nicht, dass diese frei durch jede Person benutzt werden dürfen. Die Berechtigung zur Benutzung unterliegt, auch ohne gesonderten Hinweis hierzu, den Regeln des Markenrechts. Die Rechte des/der jeweiligen Zeicheninhaber*in sind zu beachten.
Der Verlag, die Autor*innen und die Herausgeber*innen gehen davon aus, dass die Angaben und Informationen in diesem Werk zum Zeitpunkt der Veröffentlichung vollständig und korrekt sind. Weder der Verlag noch die Autor*innen oder die Herausgeber*innen übernehmen, ausdrücklich oder implizit, Gewähr für den Inhalt des Werkes, etwaige Fehler oder Äußerungen. Der Verlag bleibt im Hinblick auf geografische Zuordnungen und Gebietsbezeichnungen in veröffentlichten Karten und Institutionsadressen neutral.

Green tree grows from glowing circuit board von Pete. Generiert mit KI (c) Adobe Stock

© Hannu Toivonen, 2023–2025 © Deutsche Übersetzung: Stefan Kramer 2025

Planung/Lektorat: Laura Spezzano
Springer ist ein Imprint der eingetragenen Gesellschaft Springer Fachmedien Wiesbaden GmbH und ist ein Teil von Springer Nature.
Die Anschrift der Gesellschaft ist: Abraham-Lincoln-Str. 46, 65189 Wiesbaden, Germany

Wenn Sie dieses Produkt entsorgen, geben Sie das Papier bitte zum Recycling.

Vorwort Hannu Toivonen

KI ist überall um uns herum, aber was genau ist sie? Worauf basiert sie? Wie wird sich KI auf uns auswirken? Kann KI Diskriminierung beseitigen? Kann sie bessere Entscheidungen treffen als Menschen? Kann ein Computerprogramm intelligent, kreativ oder bewusst sein?

In diesem Buch beantworte ich hundert Fragen rund um das Thema künstliche Intelligenz. Die Fragen decken ein breites Themenspektrum ab: Funktionsweise von KI, Auswirkungen, Grenzen, Chancen und Risiken.

Bei den Antworten ziehe ich es vor, klar und prägnant zu sein, anstatt erschöpfend und allumfassend. Ich versuche, nur das Nötigste darzustellen, aber gleichzeitig Details nicht zu verschleiern. Ich hoffe, dass die leichte Verständlichkeit den Leserinnen und Lesern Aha-Erlebnisse beschert.

Die Antworten sind unabhängige Texte, so dass sie in beliebiger Reihenfolge und sogar nur einzeln gelesen werden können. Nimm das Buch mit in den Bus, lege es auf den Couchtisch oder lasse es zum Stöbern im Aufenthaltsraum. Es ist nicht nötig, dieses Buch von Anfang bis Ende zu lesen!

Ich betrachte das Buch selbst als Mosaik oder Collage, in der das Gesamtbild aus vielen Teilen besteht. Du kannst das Bild selbst zusammenstellen: Nutze die Tipps nach den Antworten, um zu anderen Fragen zum gleichen Thema zu springen, finde interessante Themen im Inhaltsverzeichnis oder schlage das Buch zufällig auf!

Ich möchte meinem Freund und Kollegen, Professor Stefan Kramer, für die Übersetzung und Bearbeitung des Buches ins Deutsche danken. Stefans treffende Kommentare haben geholfen, den Inhalt des Buches zu verbessern und zu aktualisieren. Vielen Dank auch an Stefan für die Frage Nummer 57 und die Antwort darauf!

Angenehme Lesestunden! Hannu Toivonen

Vorwort Stefan Kramer

Hannu Toivonen und ich kennen uns seit fast dreißig Jahren. Wir waren in der zweiten Hälfte der 1990er-Jahren auf denselben Konferenzen und hatten um das Jahr 2000 herum sogar eine gemeinsame Publikation. Als Freund und Kollege verfolge ich seine Arbeit auf LinkedIn. So wurde ich hellhörig, als er im September 2023 in Finnland ein allgemeinverständliches Buch zur KI veröffentlichte: Es konnte nur ausgezeichnet sein! Im Dezember 2023, ein paar Tage vor Weihnachten, kontaktierte ich ihn schließlich und schlug ihm vor, das Buch ins Deutsche zu übertragen. Seine Antwort ließ nicht lange auf sich warten. Umgehend schickte er mir Material und Hintergrundinformationen. In meinem (mir nicht auszutreibenden) Optimismus war mein Plan, die Arbeit im Rahmen eines Forschungsaufenthalts an der University of Waikato in Hamilton, Neuseeland, abgeschlossen zu haben. Sechs Monate und zwölf Versionen des Buchs später ist es endlich so weit.

Interessanterweise hat die KI selbst in diesem Prozess eine große Rolle gespielt. Die allererste Version, der Ausgangspunkt für das vorliegende Buch, war eine automatische Übersetzung aus dem Finnischen ins Deutsche. Die Version war, wie so viele „Produkte" der sogenannten generativen KI, verblüffend gut und schlecht zugleich. Ein Grund mag sein, dass große Sprachmodelle mit Sprachen wie dem Finnischen noch ihre Probleme haben.

Nun, zum Abschluss, steht für mich fest: Die Feinheiten, man muss sagen: die alles entscheidenden Feinheiten, mussten von Hannu und mir selbst in die Hand genommen werden. Der Mensch war hier also nicht als Korrektor kleiner Fehler oder als Textannotator vor dem Training von Modellen tätig, sondern hatte mit dem Großen und Ganzen, mit dem Sinn und dem Stil und Charakter des Texts im Feinen zu tun. Das sollte eigentlich ein wenig Anlass zur Hoffnung geben, dass sich Menschen und Maschinen in Zukunft ein wenig besser verstehen und schließlich den Menschen nicht allein menschenunwürdige und monotone Arbeit, beispielsweise die Korrektur oder Annotation von Texten, übrigbleibt.

Eine bekannte Herausforderung bei der Übersetzung von Texten ist die Berücksichtigung des kulturellen Hintergrunds. Hannus Originaltext zeichnet sich durch einen trockenen, feinsinnigen Humor und kulturelle Referenzen aus, die nicht ohne Weiteres ins Deutsche zu übertragen waren. Mein Versuch war, den finnischen Humor mit einer sachlichen Variante des sogenannten „Wiener Schmähs" zu ersetzen: Ich hoffe, dass dies in Ansätzen geglückt ist.

Freilich muss man sich die Frage gefallen lassen, wie sinnhaft es heute ist, im Angesicht der sich überschlagenden Entwicklungen, ein Buch über KI zu schreiben oder zu übersetzen. Eine Antwort gibt Hannu Toivonen im Buch selbst: Die Grundlagen ändern sich glücklicherweise nicht annähernd so schnell wie die Systeme und Anwendungen – und die Schlagzeilen. In diesem Sinn hoffe ich, dass diese Übersetzung zeitgemäß und zugleich so informativ und unterhaltsam ist wie das Original. Ich wünsche viel Vergnügen und hoffe auf die eine oder andere „Erleuchtung" bei der Lektüre!

Zuletzt möchte ich mich bei Julia Sabine Edling, meiner Frau, Katharina Reitan, meiner Schwester, und Monica Kramer, meiner Mutter, für die Unterstützung und die Kommentare zu früheren Fassungen der Übersetzung und Überarbeitung bedanken.

Stefan Kramer

Was ist künstliche Intelligenz?

Antwort: Eine Metapher.

„Künstliche Intelligenz" ist eine Metapher, die die Verarbeitung durch ein Computerprogramm mit menschlicher Intelligenz gleichsetzt. Es geht nicht so sehr um Intelligenz, sondern um eine Art Vergleichbarkeit mit Intelligenz.

Wenn es um künstliche Intelligenz geht, werden tatsächlich viele Metaphern verwendet. Wenn das Programm „versteht", was der Benutzer sagt, „beschließt", einen Kreditantrag abzulehnen oder „lernt", Objekte in einem Bild zu erkennen, versteht, entscheidet und lernt das Programm nicht im selben Sinne, wie ein Mensch versteht, entscheidet und lernt. Metaphern können jedoch verwendet werden, um etwas Wesentliches darüber auszudrücken, was auf dem Spiel steht – vor allem, wenn es keine Worte und Begriffe gibt, um über die „Intelligenz" von Maschinen oder Programmen zu sprechen.

Die Bedeutung der Metapher ist situativ und offen für Interpretationen. Wenn ein Computerprogramm als intelligent bezeichnet wird, was genau ist damit gemeint bzw. wie wird der Ausdruck verstanden? Dass das Programm weiß, wie man komplexe Schlussfolgerungen zieht? Dass es Beobachtungen seiner Umgebung macht? Dass es sich seiner aktuellen Situation anpasst? Es aus früheren Situationen lernt? Es seine Aktivitäten im Voraus planen kann?

Metaphern können irreführend sein. Um Missverständnisse zu vermeiden, wäre es klarer, von Computerprogrammen mit möglichst konkreten Merkmalen zu sprechen und nicht in Metaphern. Darüber hinaus erzeugen Metaphern, die sich auf menschliche Aktivitäten beziehen, wie „verstehen", „entscheiden" und „lernen", ein menschenähnliches Bild eines Computerprogramms, als wäre es aktiv, unabhängig und sogar bewusst. Das ist es nicht!

Warnung: Wann immer einem Computerprogramm zugesprochen wird, dass es etwas tut, was Menschen tun, verstehe den Text als Metapher, nur für den Fall! Auch in diesem Buch.

Siehe auch:

Frage 62. Welchem Alter entspricht die heutige KI?
Frage 63. Warum ist mit künstlicher Intelligenz eine Mystik verbunden?
Frage 73. Was ist Intelligenz?

Inhaltsverzeichnis

Vorwort Hannu Toivonen		v
Vorwort Stefan Kramer		vii
Was ist künstliche Intelligenz?		ix
1	Wo kann ich künstliche Intelligenz ausprobieren?	1
2	Ist KI intelligent?	3
3	Ist KI schwierig?	5
4	Nutzen Roboter KI?	7
5	Hat KI ein Geschlecht?	9
6	Wem gehört KI?	11
7	Kann KI Vorhersagen treffen?	13
8	Was ist gute KI?	15
9	Wer hat die KI erfunden?	17
10	Was ist künstliche Intelligenz?	19
11	Worauf basiert KI?	21
12	Wie funktioniert ein Schachprogramm?	23
13	Wie lernt KI Autofahren?	25
14	Wie funktionieren Social-Media-Algorithmen?	27
15	Warum bekomme ich Online-Werbung für eine Kaffeemaschine, die ich gerade gekauft habe?	29
16	Was ist symbolische KI?	31
17	Was ist ein Entscheidungsbaum?	33
18	Wenn die KI alle Informationen erhalten würde, würde sie dann alles wissen?	35
19	Welche Aufgabe kann der Mensch erledigen, die ein KI-Programm niemals schaffen wird?	37
20	Was ist künstliche Intelligenz?	39
21	Ist KI von Nutzen?	41
22	Kann KI zur Entwicklung von Medikamenten eingesetzt werden?	43

23	Warum erscheint KI in Filmen und Romanen als Bedrohung?	45
24	Muss ich mir Sorgen machen?	47
25	Hat die KI Fehler gemacht?	49
26	Kann maschinelles Lernen Diskriminierung beseitigen?	51
27	Kann KI als Künstler arbeiten?	53
28	Welche Berufe werden nicht von KI betroffen sein?	55
29	Woher weiß ich, dass ich selbst keine KI bin?	57
30	Was ist künstliche Intelligenz?	59
31	Was ist maschinelles Lernen?	61
32	Ist KI dasselbe wie maschinelles Lernen oder neuronale Netze?	63
33	Was sind Trainingsdaten?	65
34	Was ist Verstärkungslernen („reinforcement learning")?	67
35	Was sind neuronale Netze?	69
36	Wie wird die Genauigkeit des maschinellen Lernens bewertet?	71
37	Kann maschinelles Lernen einem Menschen etwas beibringen?	73
38	Was ist Informatik?	75
39	Welche Werte haben KI-Forscher?	77
40	Was ist künstliche Intelligenz?	79
41	Wie generiert KI Texte?	81
42	Was sind Sprachmodelle?	83
43	Soll ich programmieren lernen?	85
44	Wie versteht KI gesprochene Sprache?	87
45	Kann sich KI selbst entwickeln?	89
46	Wird KI alles lernen, worüber man Daten sammeln kann – auch meinen Job?	91
47	Worauf zielt KI ab?	93
48	Wie trifft KI Entscheidungen?	95
49	Wie viel Macht hat KI?	97
50	Was ist künstliche Intelligenz?	99

51	Sollte ich weinen oder lachen?	101
52	Wird KI eine neue industrielle Revolution auslösen?	103
53	Kann KI die ganze Welt erobern?	105
54	Kann maschinelles Lernen alles lösen?	107
55	Was ist Emergenz?	109
56	Wie wird sich das Lehren und Lernen verändern, wenn KI Prüfungsfragen beantworten kann?	111
57	Wie weiß generative KI, was sie generieren soll?	113
58	Wann schließt KI ein Hochschulstudium ab?	115
59	Kann man im Plural von künstlichen Intelligenzen sprechen?	117
60	Was ist künstliche Intelligenz?	119
61	Was denken die Menschen über KI?	121
62	Welchem Alter entspricht die heutige KI?	123
63	Warum ist mit künstlicher Intelligenz eine Mystik verbunden?	125
64	Wäre KI ein besserer Entscheidungsträger als der Mensch?	127
65	Ist KI unvoreingenommen?	129
66	Die Bildgenerierung ist eine harmlose Anwendung, oder?	131
67	Was ist KI-Transparenz?	133
68	Welche KI-Kompetenzen sollten Bürgerinnen und Bürger haben?	135
69	Wurde dieses Buch von einer KI geschrieben?	137
70	Was ist künstliche Intelligenz?	139
71	Kann ein Computerprogramm schlauer sein als seine Programmierer?	141
72	Was ist Intelligenz?	143
73	Was um alles in der Welt ist der Turing-Test?	145
74	Warum ist Sprache für KI schwierig?	147
75	Was ist künstliche allgemeine Intelligenz?	149
76	Hat KI Emotionen?	151
77	Kann KI kreativ sein?	153

78	Gibt es bewusste KI?	155
79	Kann KI ein Bewusstsein haben?	157
80	Was ist künstliche Intelligenz?	159
81	Wer ist verantwortlich, wenn ein KI-gesteuertes Auto einen Unfall hat?	161
82	Ist KI eine Bedrohung für die Privatsphäre?	163
83	Sollten KI-Programme wie Autos auf ihre Sicherheit überprüft werden?	165
84	Wie unterscheidet KI zwischen richtig und falsch?	167
85	Sollten Roboter Rechte und Pflichten haben?	169
86	Was bedeutet KI-Transparenz?	171
87	Wie kann man wissen, wie ein KI-System funktioniert?	173
88	Haben KI-Giganten viel Macht?	175
89	Wie viel Energie verbraucht KI?	177
90	Was ist künstliche Intelligenz?	179
91	Wie geht es mit der KI weiter?	181
92	Wann wird die automatische Sprachübersetzung komplett fehlerfrei?	183
93	Was passiert mit der Kreativität, wenn KI es jedem erlaubt, kreativ zu sein?	185
94	Wird KI unsere Intelligenz beeinflussen?	187
95	Wie wird sich Europa im KI-Rennen schlagen?	189
96	Wird KI den Menschen die Arbeitsplätze wegnehmen?	191
97	Kann ich ohne KI leben?	193
98	Ist KI zu fürchten?	195
99	Wann läuft dieses Buch ab?	197
100	Was ist künstliche Intelligenz?	199
	Weiterführende Literatur	201

Wo kann ich künstliche Intelligenz ausprobieren?

Antwort: Überall.

KI ist überall – eingebettet in verschiedene Programme und Systeme, damit sie reibungsloser laufen.

Wenn du ein Selfie mit deinem Mobiltelefon aufnimmst, verwendet die Kamera künstliche Intelligenz, um das Bild auf dein Gesicht zu fokussieren und den Farbton des Bildes anzupassen. Filter, mit denen du ein Bild bearbeiten kannst, verwenden künstliche Intelligenz. Wenn du ein Bild in sozialen Medien postest, wird das Bild mithilfe von künstlicher Intelligenz komprimiert und mithilfe künstlicher Intelligenz an den entsprechenden Server übertragen. Social-Media-Dienste nutzen künstliche Intelligenz, um zu entscheiden, wem und wann das Bild gezeigt wird und in welchem Kontext.

Bei der Online-Suche nach günstigen Flugtickets wählt die Suchmaschine mithilfe von künstlicher Intelligenz die Ergebnisse aus. Wenn du auf die Seite einer Fluggesellschaft gehst, um Flüge anzuzeigen, wird KI verwendet, um den Preis von Tickets zu bestimmen. KI wird auch zur Optimierung von Flugrouten und Flugplänen eingesetzt. Wenn du weiter im Internet surfst, werden die Anzeigen, die du siehst, von KI ausgewählt.

KI-Anwendungen sind oft unauffällig. KI-Methoden sind Werkzeuge, mit denen ein Teil eines Programms hier, ein anderer dort implementiert wird. Das Werkzeug selbst erwirtschaftet im Allgemeinen keinen Gewinn – Gewinn wird mit dem eigentlichen Produkt oder der eigentlichen Dienstleistung gemacht.

KI wird dann sichtbar, wenn sie etwas Neues ermöglicht. Revolutionär war das erste Programm, das einen Schachweltmeister besiegte, das erste Fotoprogramm, das erkannte, wer auf dem Bild war, das erste Mobiltelefon, das Sprachbefehle erkannte und ausführte, das erste Sprachmodell, das sich wie ein Mensch unterhielt. Der Neuigkeitswert verschwindet jedoch schnell, und dann fühlt sich KI nur mehr an wie jedes andere Programm.

Siehe auch:

Frage 59. Kann man im Plural von künstlicher Intelligenz sprechen?
Frage 61. Was denken die Menschen über KI?
Frage 97. Kann ich ohne KI leben?

Ist KI intelligent?

Antwort: Besser ist es, zu fragen, bei welcher Aufgabe ein bestimmtes Computerprogramm zweckmäßige Entscheidungen trifft.

Es hat keinen Sinn, darüber zu streiten, wo die Grenzen der (künstlichen) Intelligenz liegen, wenn nicht einmal Konsens darüber besteht, was Intelligenz ist. Es ist fruchtbarer, über den Erfolg bei einer konkreten Aktivität zu sprechen und über die Art und Weise, wie man sich dabei angestellt hat. Dann ist z.B. möglich, zu begründen, inwiefern Programm A zweckmäßiger funktioniert als Programm B, ohne sich in der Frage zu verzetteln, was Intelligenz ist.

Die Diskussion konkreter Aufgaben ermöglicht auch Vergleiche mit Menschen. Wer ist zum Beispiel besser beim Übersetzen von Sprache, ein Sprachmodell oder ein Mensch? Beim Übersetzen kann eine Person die Bedeutung und den Ton des Originaltextes besser erfassen als das Programm, wenn sie die Sprachen, Kulturen und Themen des Textes gut kennt. Auf der anderen Seite übersetzt ein gutes Sprachmodell oder Übersetzungsprogramm um ein Vielfaches schneller und zwischen Dutzenden oder Hunderten von Sprachen. Überlegenheit ist also nicht eindeutig, sondern hängt von der Aufgabe und den Kriterien ab.

Computerprogramme sind effektiv dabei, genaue Informationen zu speichern und abzurufen und können sowohl logische als auch statistische Schlussfolgerungen ziehen. Sie können zum Beispiel Massen von Daten analysieren und nutzen sowie Berechnungen und Optimierungen durchführen, wie es Menschen nicht können. Auch die automatische Sprachübersetzung basiert auf diesen Grundfähigkeiten.

Aber: Computerprogrammen fehlt es an gesundem Menschenverstand, Lebenserfahrung, sozialen Beziehungen und der Fähigkeit, das große Ganze zu sehen – oft können sie nicht zwischen Wesentlichem und Unwesentlichem unterscheiden. Dann ist es schwierig, auf menschenähnliche Weise intelligent zu sein. Ein Computerprogramm mag bei einzelnen Aufgaben und Details besser sein als Menschen, aber es ist schlecht darin, zu verstehen, welche Aufgabe zu erledigen ist, wie es reagieren soll, wenn eine Aufgabe nicht erfolgreich gelöst wird, oder was zu tun ist, wenn sich die Situation verändert hat.

Siehe auch:

Frage 73. Was um alles in der Welt ist der Turing-Test?
Frage 75. Was ist künstliche allgemeine Intelligenz?
Frage 94. Wird KI unsere Intelligenz beeinflussen?

Ist KI schwierig?

Antwort: Ja.

Künstliche Intelligenz ist schwierig, weil es keinen einzigen universellen und einfachen Mechanismus der Intelligenz gibt, oder zumindest ein solcher nicht bekannt ist.

Die Entwicklung von künstlicher Intelligenz gliedert sich in verschiedene Bereiche, die jeweils Lösungen für spezifische Probleme entwickeln – wie z.B. automatisches Schlussfolgern, maschinelles Sehen, Sprachgenerierung und maschinelles Lernen. Jahrzehntelange KI-Forschung hat zu Ergebnissen geführt, von denen viele komplex sind, da die Probleme selbst oft komplex sind.

KI hingegen kann einfach aussehen, weil komplexe Programme und Funktionen in einfach zu bedienende Programme verpackt sind. Die Nutzer – und manchmal auch der Autor – leben dann in der Illusion, die Sache komplett unter Kontrolle zu haben.

KI kann auch einfach aussehen, weil der Fokus oft auf den technischen Fähigkeiten von KI-basierten Programmen liegt, nicht darauf, wie sie sich auf Menschen, Gesellschaft und Umwelt auswirken. Zum Beispiel kann es technisch schwierig sein, echt aussehende „Fotos" zu erstellen, aber noch schwieriger sind die ethischen Fragen im Zusammenhang mit der Bilderzeugung, wie Verleumdung, Erpressung oder Betrug.

Siehe auch:

Frage 31. Was ist maschinelles Lernen?
Frage 43. Soll ich programmieren lernen?
Frage 49. Wie viel Macht hat KI?

Nutzen Roboter KI?

Antwort: KI wird in Robotern verwendet, doch die Roboter selbst nutzen die KI nicht aktiv.

Bei der Entwicklung von Robotern wird künstliche Intelligenz unter anderem eingesetzt, um die Umgebung zu beobachten (maschinelles Sehen, Bilderkennung), Beobachtungen zu verarbeiten (Datenanalyse, logisches Schlussfolgern, statistisches Schlussfolgern), zu entscheiden, was als Nächstes zu tun ist (Planen) und mit Menschen zu kommunizieren (Spracherkennung, Textgenerierung, Sprachsynthese).

Darüber hinaus erfordert die Steuerung eines physischen Roboters eine große Menge an künstlicher Intelligenz, die auf Robotik und Mechanik spezialisiert ist. Das Aufheben eines Eies ist ein klassisches Beispiel: Kann ein Roboter ein Ei heben, ohne es zu zerbrechen? Die Aufgabe ist für einen Roboter überraschend schwierig. Der Roboter muss die Kräfte messen, die auf seine Fingerspitzen wirken, er muss seine eigene Klemmkraft, das Gewicht des Objekts und die Reibung zwischen den Fingern und dem Objekt beurteilen und er muss seinen Griff bei Bedarf ändern. Auf der anderen Seite ist es einfach, ein Ei aufzuheben, verglichen mit dem Gehen auf zwei Beinen. Man muss ein viel komplexeres Ganzes managen, nur um das Gleichgewicht zu halten.

Die Robotik ist ein gutes Beispiel für drei Aspekte im Zusammenhang mit künstlicher Intelligenz:

Zunächst einmal umfasst KI viele Dinge, die für Menschen einfach, aber für Maschinen relativ schwierig sind, wie z. B. das Sehen oder das Aufheben eines Eies.

Zweitens können sich KI-Lösungen von der Art und Weise unterscheiden, wie Menschen handeln. Maschinelles Sehen basiert auf Lichtsensoren und der Verarbeitung ihrer Signale, nicht auf der Imitation von Netzhaut und Sehnerv. Die Fortbewegung auf Rädern ist viel einfacher als die auf Beinen.

Drittens nutzen die Entwickler von Robotern Methoden der KI, nicht die Roboter selbst: Diese entscheiden nicht selbst, wo und wie sie KI einsetzen.

Siehe auch:

Frage 13. Wie lernt KI Autofahren?
Frage 48. Wie trifft KI Entscheidungen?
Frage 85. Sollten Roboter Rechte und Pflichten haben?

Hat KI ein Geschlecht?

Antwort: Ja, und sie hat sogar auch eine Hautfarbe: Sie ist ein weißer Mann.

Natürlich haben Computerprogramme kein Geschlecht oder keine Hautfarbe im biologischen oder physiologischen Sinne. In kultureller Hinsicht kann ein Programm jedoch die Position und Haltung seiner Entwickler und der ihnen zur Verfügung gestellten Mittel und Materialien widerspiegeln. Weiße Männer kontrollieren heute die Entwicklung (und oft auch Trainingsdaten) der KI, und daher übernehmen Programme, die KI verwenden, deren Weltanschauung und Erfahrungswelt. Das Phänomen ist nicht nur bei künstlicher Intelligenz zu beobachten. Da Crashtest-Dummys, die im Autodesign verwendet werden, in der Regel Männergrößen haben, haben Frauen ein um 73 % höheres Risiko, sich bei einem Autounfall schwer zu verletzen.

Das „Geschlecht" von auf maschinellem Lernen basierenden Programmen hängt vom Inhalt der ihnen zur Verfügung gestellten Trainingsdaten ab. Wenn beispielsweise das Gehalt von Frauen in den Daten niedriger ist als das von Männern, kann ein KI-Programm Frauen allein aufgrund ihres Geschlechts ein niedrigeres Gehalt oder einen schlechter bezahlten Job vorschlagen. Die sogenannten Sprachmodelle, die Texte produzieren, lernen diskriminierende Sprache, wenn ihre Trainingsdaten Texte aus Diskussionsforen enthalten, die Diskriminierung im Namen der „Vielfalt" zulassen.

Im schlimmsten Fall führt maschinelles Lernen zu einer Spirale, in der Stereotype und Geschlechterrollen verstärkt werden. Bei einer Google-Bildersuche nach „Professor" sind beispielsweise 90 % der zurückgelieferten Antworten Bilder von Männern (Stand: März 2024). In Deutschland (Stand: 2022) und in der Schweiz (Stand: 2023) sind derzeit jedoch 72 % der Universitätsprofessuren mit Männern besetzt, in Österreich 74 % (Stand: 2020).

Im besten Fall kann künstliche Intelligenz hingegen Verzerrungen in Daten aufdecken und aktiv korrigieren. Zum Beispiel bietet Google Translate die englischen Übersetzungsoptionen „She is a professor" (Sie ist Professorin) und „He is a professor" (Er ist Professor) für die geschlechtsneutrale finnische Phrase „Hän on professori" an – in dieser Reihenfolge. Auf Deutsch übersetzt Google Translate diese hingegen immer noch mit „Er ist Professor".

Siehe auch:

Frage 36. Wie wird die Genauigkeit des maschinellen Lernens bewertet?
Frage 51. Sollte ich weinen oder lachen?
Frage 65. Ist KI unvoreingenommen?

Wem gehört KI?

Antwort: Technologie-Giganten und Regierungen.

Niemand besitzt die KI als Phänomen, aber die wichtigsten KI-Systeme gehören Technologie-Giganten und Staaten, die sowohl die Ressourcen als auch die Motivation haben, sie zu entwickeln und zu nutzen.

Die Entwicklung großer, auf maschinellem Lernen basierender KI-Programme erfordert viele Daten, Fähigkeiten, Rechenkapazität und viel Energie. Die Motivation für die Entwicklung ist oft kommerzieller Natur (mit dem System wird Profit gemacht) oder die „nationale Sicherheit" (es geht um die Kontrolle der eigenen oder ausländischer Bürger oder um militärische Anwendungen).

Viele große KI-Programme basieren auf Daten, entweder als Trainingsmaterial für maschinelles Lernen (ML) oder in KI-Anwendungen ohne ML. Ein kommerzielles Beispiel sind soziale Medien wie Facebook, Instagram, X (ehemals Twitter) und YouTube: Sie verfügen sowohl über Inhalte, die von Verbrauchern produziert werden, als auch über Informationen über ihr Verhalten, die sie verwenden, um die Nutzer in den Bann zu ziehen, um nicht zu sagen: um sie zu fesseln. Ein Beispiel für nationale Sicherheit ist China, das Informationen über seine Bürger sammelt, um deren Handlungen zu überwachen und zu steuern.

Die Fairness der Gesellschaft wird leicht auf die Probe gestellt. Zunächst einmal sind einige der KI-Anwendungen von Big Players hinsichtlich ihrer Werte und Auswirkungen fragwürdig. Zweitens konzentrieren die Ressourcen, die für die Entwicklungsarbeit benötigt werden, und die Daten, die von Anwendungen gesammelt werden, die Vorteile der künstlichen Intelligenz auf immer weniger Menschen.

Die Europäische Union strebt nicht nach Macht durch künstliche Intelligenz, aber sie ist besorgt über die Macht, die US-amerikanische und chinesische Anwendungen auf die Europäer ausüben können. Welche Informationen werden mithilfe von KI über europäische Nutzer gesammelt und analysiert, und wie werden die Wahrnehmung der Welt und die Meinungen der Europäer beeinflusst?

Siehe auch:

Frage 49. Wie viel Macht hat KI?
Frage 89. Wie viel Energie verbraucht KI?
Frage 95. Wie wird sich Europa im KI-Rennen schlagen?

Kann KI Vorhersagen treffen?

Antwort: Nicht über noch nie Dagewesenes.

„Morgen früh geht die Sonne auf", prophezeit ein Computerprogramm, das bisher jeden Morgen den Sonnenaufgang beobachtet hat. Ein gutes Omen, aber das versteht sich (fast) von selbst. Viel schwieriger ist es, Neues oder Überraschendes vorherzusagen.

Im maschinellen Lernen wird oft von Vorhersagen gesprochen, aber in der Sprache des maschinellen Lernens bedeutet es das Ableiten oder Erraten von Informationen auf der Grundlage anderer Daten. In technischem Jargon spricht man von „Inferenz". Die abgeleiteten Informationen beziehen sich nicht unbedingt auf die Zukunft. Zum Beispiel trifft die Machine-Learning-Software des Kreditkartenunternehmens „Vorhersagen" bei der Sperrung einer Kreditkarte, ob Karteninformationen möglicherweise gestohlen wurden oder ob eine Karte aufgrund von nicht zulässigen Transaktionen abgeschaltet werden soll.

Da maschinelles Lernen auf Verallgemeinerungen von Trainingsdaten basiert, eignet es sich schlecht für seltene und vor allem neue Situationen. Es trifft „Vorhersagen" am besten für vertraut aussehende Fälle.

Eine eindeutige „Vorhersage" ist nur in einfachen Dingen möglich. In Situationen mit Unsicherheit gilt: Je genauer die Unsicherheit einer Vorhersage beurteilt werden kann, desto nützlicher ist diese Vorhersage. Daher schätzt eine Vorhersage mithilfe von künstlicher Intelligenz oft Wahrscheinlichkeiten ab: „Es besteht eine Wahrscheinlichkeit von 87 %, dass Kreditkarteninformationen gestohlen wurden".

Siehe auch:

Frage 31. Was ist maschinelles Lernen?
Frage 36. Wie wird die Genauigkeit des maschinellen Lernens bewertet?
Frage 48. Wie trifft KI Entscheidungen?

Was ist gute KI?

Antwort: Gute künstliche Intelligenz steigert das Wohlbefinden, die Fairness und die Möglichkeiten der Menschen, ihr eigenes Leben zu beeinflussen.

Gute künstliche Intelligenz verbessert das Wohlbefinden der Menschen. Sie hilft den Menschen, ihr eigenes Leben zu führen und ihre eigenen Entscheidungen zu treffen, sie akzeptiert Unterschiede und unterstützt die Vielfalt unter den Nutzern. Gute künstliche Intelligenz erhöht die Gemeinsamkeit und Fairness zwischen den Menschen.

Gute KI dringt nicht in die Privatsphäre der Menschen ein. Sie verbirgt weder die Funktionsmechanismen oder Fehler von Systemen, noch automatisiert sie Aufgaben, die menschliches Urteilsvermögen erfordern. Gute KI-Entwicklung und -Anwendungen sind verantwortungsvoll und folgen der Vorsicht: Risiken werden antizipiert und vermieden.

Gute künstliche Intelligenz unterstützt eine nachhaltige Entwicklung und minimiert die Belastung der Umwelt durch die Technologie selbst.

Gute künstliche Intelligenz kann von Behörden und Bürgern überwacht werden.

Siehe auch:

Frage 24. Muss ich mir Sorgen machen?
Frage 67. Was ist KI-Transparenz?
Frage 84. Wie unterscheidet KI zwischen richtig und falsch?

Wer hat die KI erfunden?

Antwort: Den Begriff der künstlichen Intelligenz hat John McCarthy geprägt.

Künstliche Intelligenz als Begriff und Disziplin hat sich 1956 etabliert. John McCarthy (1927–2011), Marvin Minsky (1927–2016), Claude Shannon (1916–2001) und Nathan Rochester (1919–2001) organisierten ein Sommerseminar am Dartmouth College in den Vereinigten Staaten und luden weitere interessierte Wissenschaftler ein. Die meisten waren ausgebildete Mathematiker. Die Informatik war ebenfalls erst dabei, sich als eine eigene Disziplin von der Mathematik loszulösen.

In Dartmouth erhielt das Forschungsfeld den von John McCarthy vorgeschlagenen Namen „Artificial Intelligence" oder im Deutschen: „Künstliche Intelligenz" – noch prägnanter sind die Akronyme „AI" im Englischen und „KI" im Deutschen. Künstliche Intelligenz wurde schon vor dem Seminar studiert, allerdings ohne einen gemeinsamen Namen und eine gemeinsame Identität.

Ziel der Bemühungen und Definition von künstlicher Intelligenz wurde, Maschinen dazu zu bringen, sich so zu verhalten, wie man es im Falle von Menschen als intelligent bezeichnen würde. Mittlerweile ist die Vorstellung von menschlicher Intelligenz als Maßstab für die Qualität künstlicher Intelligenz überholt. Ziel ist es, Programme zu haben, die vernünftig und zweckmäßig funktionieren. Zum Beispiel wäre eine Suchmaschine nutzlos, wenn sie so langsam wie ein Mensch im Web nach Informationen suchen würde.

Beim Dartmouth-Workshop ging man davon aus, dass Lernen oder jede andere intelligente Tätigkeit prinzipiell so genau beschrieben werden kann, dass sie am Computer simuliert werden kann. Diese Idee ist längst aufgegeben worden: Es gibt viele Aufgaben, für die es praktisch unmöglich ist, genaue Anweisungen zu geben, von denen aber einige mit dem maschinellen Lernen gelöst werden können.

Zu den Themen des Dartmouth-Workshops gehörten Computerprogramme, die Sprache verwenden, die neue Begriffe bilden können, die automatisch Probleme lösen können und Programme, die sich selbst verbessern. All das sind bis heute Forschungsthemen der künstlichen Intelligenz.

Apropos Überleben: Seit dem Dartmouth-Seminar wird der große Durchbruch in der künstlichen Intelligenz immer wieder für die nächsten 5 bis 20 Jahre prognostiziert. Das ist auch das, was viele Menschen gerade denken.

Siehe auch:

Frage 11. Worauf basiert KI?
Frage 18. Wenn die KI alle Informationen erhalten würde, würde sie dann alles wissen?
Frage 73. Was um alles in der Welt ist der Turing-Test?

Was ist künstliche Intelligenz?

Antwort: Zweckmäßige Arbeitsweise eines Computerprogramms.

Bei der künstlichen Intelligenz geht es darum, Computerprogramme zu produzieren, die situationsabhängig sinnvoll funktionieren. Ein zweckmäßiges Programm strebt in jeder Situation ein gutes Ergebnis für seine Aufgabe an und trifft fundierte Entscheidungen, um es zu erreichen.

Das zweckmäßige Funktionieren eines Programms erfordert in der Regel die Fähigkeit, Schlussfolgerungen zu ziehen, verschiedene Informationen als Grundlage für dieses Schlussfolgern zu nutzen und oft auch die Fähigkeit, aus Erfahrungen zu lernen.

Je enger der Zweck des Programms ist, z. B. das Filtern von Spam aus E-Mails, desto einfacher ist es, es zweckmäßig zum Laufen zu bringen. Andererseits gilt: Je enger der Zweck, desto geringer die Relevanz des Programms. Der Spam-Klassifikator weiß nicht, wie er Hassrede aus sozialen Medien angemessen filtern kann, denn es gelten nicht dieselben Gesetzmäßigkeiten.

Angesichts der begrenzten Informationen, Zeit und Energie, die dem Programm zur Verfügung stehen, wählt das Programm meist nicht die bestmögliche Maßnahme, sondern einen der Situation angemessenen Kompromiss. Wenn das Programm nur sehr wenig Zeit hat, um eine Entscheidung zu treffen, etwa wenn ein Auto auf einen Fußgänger zurast, kann die Entscheidung über eine automatische Notbremsung nicht auf sich warten lassen. In einer unsicheren Situation ist es zweckmäßiger, unnötig zu bremsen, als das Risiko eines Unfalls einzugehen.

© Der/die Autor(en), exklusiv lizenziert an
Springer Fachmedien Wiesbaden GmbH, ein Teil von Springer Nature 2025
H. Toivonen und S. Kramer, *Was ist künstliche Intelligenz?*,
https://doi.org/10.1007/978-3-658-49787-3_10

Die Zweckmäßigkeit des Programmverhaltens ist subjektiv. Alles ist in Ordnung, wenn die Benutzer den Betrieb des Programms als vernünftig empfinden.

Siehe auch:

Frage 2. Ist KI intelligent?
Frage 77. Kann KI kreativ sein?
Frage 86. Was bedeutet KI-Transparenz?

Frage 11

Worauf basiert KI?

Antwort: Detaillierten Anweisungen, allgemein anwendbaren Problemlösungsstrategien und maschinellem Lernen.

KI-Programme können implementiert werden, indem a) detaillierte Anweisungen erstellt werden, b) nur Merkmale der gewünschten Lösung definiert werden und man das Programm automatisch Lösungen finden lässt, oder c) das Programm mit Beispielen trainiert wird.

Detaillierte Anweisungen, d.h. Algorithmen, eignen sich für Situationen, in denen man weiß, wie man eine Lösung für eine Aufgabe findet, oder in denen es wichtig ist zu verstehen, wie und warum das Programm so funktioniert, wie es funktioniert. So werden beispielsweise Anweisungen zur Berechnung der Sozialhilfe auf der Grundlage von Verordnungen in einem Algorithmus formuliert, der auf Basis der bereitgestellten Informationen das richtige Ergebnis berechnet.

Manchmal ist es einfacher zu sagen, wie die Lösung aussehen sollte, als wie man sie findet. Zum Beispiel ist der Stundenplan gut, wenn die Schüler keine Freistunden haben, der Chemieunterricht in der Chemieklasse stattfindet, alle unterrichteten Schüler in das Klassenzimmer passen und so weiter. Man benötigt keinen eigenen Algorithmus, um einen Stundenplan zu erstellen: Man kann einen Allzweckalgorithmus verwenden, der Lösungen findet, die zum Input (Informationen zum Schulunterricht) und den Randbedingungen (Kriterien für einen guten Stundenplan) passen.

Dann gibt es Aufgaben, deren Lösung schwer zu definieren ist, für die es aber Beispiele gibt. Maschinelles Lernen eignet sich für solche Aufgaben. Für die Spracherkennung kannst du z.B. Material mit Beispielen für aufgezeichnete Sprache und den entsprechenden Text sammeln. Anhand der Beispiele versucht der Machine-Learning-Algorithmus, ein Modell zu erstellen, das

Input (aufgezeichnete Sprache) in einen Output (Text) umwandelt. Auch Sprachmodelle, die Texte erzeugen, basieren auf maschinellem Lernen.

KI-Programme kombinieren diese Ansätze. Algorithmen, die auf direkten Anweisungen basieren, kümmern sich oft um das Ganze. Sie definieren die Rahmenbedingungen für die Lösung von Teilproblemen, nutzen für einige Teilaufgaben maschinell erlernte Modelle oder Sprachmodelle und überwachen deren Betrieb, indem sie beispielsweise prüfen, ob die Lösung sinnvoll oder sicher ist.

Siehe auch:

Frage 15. Warum bekomme ich Online-Werbung für eine Kaffeemaschine, die ich gerade gekauft habe?
Frage 16. Was ist symbolische KI?
Frage 80. Was ist künstliche Intelligenz?

Wie funktioniert ein Schachprogramm?

Antwort: Indem es mit vielen verschiedenen Zügen experimentiert und die daraus resultierenden Spielsituationen bewertet.

Ein Computerprogramm braucht drei Dinge, um Schach zu spielen: die Spielregeln, eine Bewertungsfunktion, also eine Rechenformel zur Bewertung von Spielsituationen, und einen Algorithmus zum Ausprobieren von Zügen.

Anhand der Regeln weiß das Programm, welche Züge in welchen Situationen erlaubt sind. Basierend auf den Regeln weiß es jedoch nicht, wie gut jeder Zug ist. Die Bewertungsfunktion hingegen berechnet, wie gut eine bestimmte Spielsituation für beide Spieler ist. Im Schach basiert die Bewertung zum Beispiel darauf, wie wertvoll die verbliebenen Figuren jedes Spielers sind und wie sie sich gegenseitig bedrohen.

Wenn das Programm an der Reihe ist, einen Zug zu machen, kann es jeden möglichen Zug ausprobieren und jenen auswählen, der gemäß der Bewertungsfunktion am besten erscheint. Das Problem ist, dass die Bewertungsfunktion nur eine sehr grobe Einschätzung der Situation berechnet und ein einziger Zug die Situation komplett verändern kann.

Anstelle einzelner Züge kann das Programm mehrere aufeinanderfolgende Züge ausprobieren und sehen, wohin sie führen. Unterschiedliche Abfolgen von Zügen können jedoch nicht sehr weit gespielt werden. Wenn es 30 Zugmöglichkeiten gleichzeitig gibt, dann gibt es 30 × 30 = 900 Kombinationen aus zwei aufeinanderfolgenden Zügen, 30 × 30 × 30 = 27 000 aus drei Zügen, und so fort. Spiele mit zehn Zügen ergeben 590 490 000 000 000 Kombinationen, also 590 Billionen – viel zu viele, um sie alle zu testen.

© Der/die Autor(en), exklusiv lizenziert an
Springer Fachmedien Wiesbaden GmbH, ein Teil von Springer Nature 2025
H. Toivonen und S. Kramer, *Was ist künstliche Intelligenz?*,
https://doi.org/10.1007/978-3-658-49787-3_12

Ein Spielalgorithmus ist erforderlich, um zu entscheiden, welche Züge zu einem bestimmten Zeitpunkt ausprobiert werden sollen. Die Idee ist, herauszufinden, was der beste Zug für die Maschine ist, wenn beide Spieler daraufhin so gut wie möglich spielen. Der Spielalgorithmus nutzt sowohl die Bewertungsfunktion als auch Schachdatenbanken, um die vielversprechendsten Züge auszuwählen.

Letztlich entscheidet die Bewertungsfunktion über die Qualität eines Schachprogramms. Maschinelles Lernen kann auch dazu verwendet werden, diese zu verbessern: Man kann die Maschine gegen sich selbst spielen und die Bewertungsfunktion so anpassen lassen, dass sie besser zu den Ergebnissen verschiedener Spielsituationen passt.

Siehe auch:

Frage 38. Was ist Informatik?
Frage 45. Kann sich KI selbst entwickeln?
Frage 71. Kann ein Computerprogramm schlauer sein als seine Programmierer?

Wie lernt KI Autofahren?

Antwort: Sie lernt nicht, sie wird dafür programmiert.

Das Autofahren erfordert vielfältige Fähigkeiten und Kenntnisse. Einige einzelne Fähigkeiten, wie z. B. das Erkennen von Verkehrszeichen, können mit maschinellem Lernen erlernt werden, das Fahren als Ganzes jedoch nicht.

Es macht keinen Sinn, ein Programm zu entwickeln, das ein Auto allein mit maschinellem Lernen steuert. Nehmen wir zum Beispiel Geschwindigkeitsbegrenzungen – eine einfache Sache, aber schwierig zu lernen, wenn man nur beobachtet, wie Menschen fahren. Das Programm sollte erkennen, dass die Geschwindigkeit des Autos mit bestimmten Verkehrsschildern zusammenhängt, und schlussfolgern, dass die Zahl auf dem Schild die maximal zulässige Geschwindigkeit ist.

Vielleicht würde ein Lernprogramm denken, dass ein Auto mit einer leichten Überschreitung der Höchstgeschwindigkeit fahren sollte, wenn die meisten Menschen so fahren. Vielleicht würde es nur die Geschwindigkeiten bestimmter Zeichen lernen und andere Geschwindigkeitsbegrenzungen nicht verstehen. Oder vielleicht würde es den Zusammenhang zwischen Verkehrsschildern und Geschwindigkeit gar nicht bemerken. Es würde eine enorme Menge an Versuchen und Tests des Autos erfordern, um sicherzustellen, dass es die Geschwindigkeitsbegrenzungen einhält.

Sind Verkehrszeichen richtig erkannt – zum Beispiel mithilfe von maschinellem Lernen – gibt es eine einfache Lösung, um sie einzuhalten: Das Auto direkt so zu programmieren, dass es die Geschwindigkeitsbegrenzung einhält, ohne dass mühsames und fehleranfälliges maschinelles Lernen die Bedeutung des Verkehrszeichens lernt. Darüber hinaus sind

Geschwindigkeitsbegrenzungen so wichtig für die Verkehrssicherheit, dass sie nicht allein dem maschinellen Lernen überlassen werden sollten. Die Forschung im Bereich der neurosymbolischen KI, die das Ziel hat, Lernen und logisches Denken fließend zu vereinen, könnte hier Abhilfe schaffen.

Man sollte jedoch maschinelles Lernen verwenden, um Verkehrszeichen zu erkennen, da es schwierig ist, dies auf andere Art zu tun. Darüber hinaus ist es eine individuelle und separate Aufgabe beim Autofahren. Um Verkehrszeichen zu überwachen, kann ein zweiter Teil des Programms geschrieben werden, der die Plausibilität der Wahrnehmung unter Berücksichtigung anderer verfügbarer Informationen überprüft und dann über die Fahrgeschwindigkeit entscheidet. Ein ähnlicher Ansatz findet sich in vielen Programmen, die maschinelles Lernen verwenden.

Siehe auch:

Frage 12. Wie funktioniert ein Schachprogramm?
Frage 25. Hat die KI Fehler gemacht?
Frage 81. Wer ist verantwortlich, wenn ein KI-gesteuertes Auto einen Unfall hat?

Wie funktionieren Social-Media-Algorithmen?

Antwort: Sie wählen die Inhalte aus, die uns am meisten fesseln.

Kommerzielle soziale Medien wie X (ehemals Twitter), Facebook und TikTok basieren auf der Aufmerksamkeitsökonomie: Je mehr Zeit wir mit ihnen verbringen, desto mehr können sie uns Werbung zeigen und desto mehr Werbeeinnahmen erhalten sie. Daher zielen Social-Media-Dienste darauf ab, uns möglichst oft und lang Inhalte zu zeigen, die unsere Aufmerksamkeit erregen.

Woher wissen Social-Media-Dienste, was uns interessiert? Es ist zweitrangig gegenüber ihren kommerziellen Zielen. Sie versuchen nur herauszufinden, was unsere Aufmerksamkeit erregt und hält. Social-Media-Dienste sammeln ständig Daten über uns: Wie lange wir welche Inhalte ansehen, was wir kommentieren, und was wir weiterteilen. Dann wählen sie Inhalte für uns aus, die auf ein paar Grundprinzipien basieren – falls das Wort „Prinzip" überhaupt dafür angemessen ist, wenn es darum geht, unsere Aufmerksamkeit zu stehlen.

Das erste Prinzip besteht darin, den Nutzern Material zu zeigen, auf das sie zuvor geachtet haben. Wenn Nutzer zum Beispiel auf Inhalte über KI reagiert haben, ist es ratsam, ihnen solche Inhalte auch in Zukunft vermehrt zu zeigen.

Ein weiteres Prinzip besteht darin, Inhalte anzuzeigen, auf die Freunde der Nutzer oder andere ähnliche Nutzer reagiert haben. Dann ist es wahrscheinlicher, dass Nutzer, die gerade im Begriff sind, „süchtig" zu werden, sich auch dafür interessieren.

Kommerzielle Social-Media-Plattformen versuchen, uns zu fesseln, indem sie sowohl an unsere Emotionen als auch an die Angst, etwas zu verpassen, appellieren. Allerdings sollte man dafür nicht Algorithmen die Schuld geben, genauso wenig wie man U-Bahnen für die Simplizität des Netzes der U-Bahn-Stationen von Bielefeld verantwortlich machen kann. Entscheidungen darüber, was Algorithmen erreichen sollen, werden von Social-Media-Unternehmen getroffen, nicht von Algorithmen.

Siehe auch:

Frage 6. Wem gehört KI?
Frage 8. Was ist gute KI?
Frage 88. Haben KI-Giganten viel Macht?

Frage 15

Warum bekomme ich Online-Werbung für eine Kaffeemaschine, die ich gerade gekauft habe?

Antwort: Die Software der Online-Werbeplattform weiß, dass du dir online eine Kaffeemaschine angesehen hast, aber nicht, dass du bereits den Kauf getätigt hast.

Die schlechte Nachricht zuerst. Eine Online-Werbeplattform wie Google oder Meta weiß, dass du schon einmal online eine Kaffeemaschine angesehen hast. Es ist schlecht für deine Privatsphäre, vor allem, wenn es sich um eine heiklere Sache als eine Kaffeemaschine handelt.

Nun zu den guten Nachrichten. Du siehst Anzeigen für eine Kaffeemaschine, weil die Software der Online-Werbeplattform nicht weiß, dass du bereits Käufe getätigt hast. Es ist gut für deine Privatsphäre, auch wenn du dich über unnötige Werbung ärgerst. Es ist beruhigend, dass Informationen über viele der Entscheidungen, die wir treffen, den Werbetreibenden nicht zur Verfügung stehen.

Warum wird dir Werbung für Kaffeemaschinen angezeigt, obwohl es wahrscheinlich ist, dass du in der Zwischenzeit bereits eine Kaffeemaschine gekauft hast? Wenn ein Werbemakler keine besseren Informationen über deine Interessen hat, sollte er sich an die Idee klammern, dass dich nach wie vor Kaffeemaschinen interessieren. Wer sich kürzlich eine Kaffeemaschine angeschaut hat, interessiert sich statistisch gesehen eher für Kaffeemaschinen als beispielsweise für Toilettensitzdeckel. Die Werbung für Letztere kann allerdings deinen Nachbarn schikanieren, der den Fehler gemacht hat, online nach Toilettensitzbezügen zu suchen.

Anzeigen werden auf viele andere Arten auf die Nutzer ausgerichtet, z.B. basierend auf dem, was andere, ähnliche Nutzer getan haben. Die

Werbeplattform selbst sammelt fragmentierte Informationen über die Online-Aktivitäten der Nutzer und kauft diese auch von anderen. Ihr Bild der Benutzer ist ein eigentümliches Mosaik, das nur zu Werbezwecken zusammengesetzt wird.

Hast du mit einem Freund über einen Urlaub im Süden gesprochen und hast du dann auf Facebook eine Anzeige über Urlaub erhalten? Facebook hat dir wohl kaum im Geheimen zugehört. Ständiges Abhören würde den Akku schnell entladen und die Ergebnisse der Spracherkennung bei Hintergrundlärm wären noch immer recht ungenau. Es ist ein Zufall: Wenn man jeden Tag über Hunderte von Dingen spricht, taucht eines davon zufällig in einer Anzeige auf – vor allem, wenn diese zielgerichtet ist. Vielleicht hat dein Verhalten auf Facebook bereits angedeutet, dass du dich für eine Reise interessieren könntest.

Siehe auch:

Frage 33. Was sind Trainingsdaten?
Frage 82. Ist KI eine Bedrohung für die Privatsphäre?
Frage 97. Kann ich ohne KI leben?

Was ist symbolische KI?

Antwort: Für Menschen interpretierbare KI.

In der symbolischen KI wird Information in einer Form präsentiert, in der diese für Menschen von Bedeutung ist. Wenn das Alter des Benutzers in der Variablen „Alter" im Programm aufgezeichnet wird, hat es eine Bedeutung außerhalb des Programms, ebenso wie die Frage: „Ist das Alter des Benutzers jünger als 18 Jahre?"

Das Gegenteil der symbolischen KI ist die sogenannte subsymbolische KI: Hier befasst man sich überwiegend mit neuronalen Netzen, deren interne Variablen für den Menschen nicht aussagekräftig sind. Auch in der symbolischen Darstellung existieren Bedeutungen nur für die Person, die das Programm liest, nicht für das Programm – für das Programm ist das Alter nur eine Zahl.

Symbolische KI beruht auf Regeln, Algorithmen oder anderen Anweisungen, die die Funktionslogik des Programms in menschenverständlichen Ausdrücken darstellen. Die E-Commerce-Regel „Wenn Nutzer unter 18 Jahre alt sind, darf man ihnen keine Alkohol- und Tabakprodukte zeigen" ist symbolisch. Eine einzelne Regel macht ein Programm noch nicht zur KI, aber eine große Anzahl von Regeln kann schnell zu komplexem Verhalten führen.

Symbolische Regeln können handgefertigt oder maschinell erlernt sein, z. B. durch Algorithmen für das Lernen von sogenannten Entscheidungsbäumen.

Siehe auch:

Frage 17. Was ist ein Entscheidungsbaum?
Frage 35. Was sind neuronale Netze?
Frage 67. Was ist KI-Transparenz?

Was ist ein Entscheidungsbaum?

Antwort: Eine Reihe von Fragen und Folgefragen, die auf eine bestimmte Entscheidung abzielen.

Der Entscheidungsbaum besteht aus Fragen, die darauf abzielen, eine Schlussfolgerung über etwas zu ziehen. Fragen können von Folgefragen begleitet werden, die von früheren Antworten abhängen.

Das Diagramm zur Fehlerbehebung bei Druckern ist ein Beispiel für eine solche Entscheidungsstruktur:

Ist der Drucker eingeschaltet?
– Wenn nicht: Überprüfen Sie, ob das Netzkabel in der Steckdose steckt und das Gerät eingeschaltet ist.
– Wenn ja: Welche Farbe hat die Netzwerkanzeige?
– – Wenn gelb: Ist der Drucker kabelgebunden oder drahtlos mit dem Netzwerk verbunden?
– – – Wenn per Kabel: ...
– – – Wenn drahtlos: ...
– – Wenn grün: Befindet sich Papier im Drucker?

Und so weiter.

Entscheidungsbäume können mithilfe des maschinellen Lernens gebildet werden. Geht es beispielsweise darum, Hassrede aus Leserkommentaren herauszufiltern, werden Kommentare, die als normal oder als Hassrede eingestuft werden, als Trainingsdaten benötigt. Der Algorithmus für maschinelles Lernen sucht dann in den Kommentaren nach Merkmalen, die helfen, sie voneinander zu unterscheiden, und erstellt daraus einen Entscheidungsbaum.

Das Gute an Entscheidungsbäumen ist, dass sie im Gegensatz zu neuronalen Netzen symbolisch, also menschenlesbar sind. Die Funktionsweise des Entscheidungsbaums kann überprüft, der Baum repariert und seine Mängel behoben werden. Auf der anderen Seite können maschinell erlernte Entscheidungsbäume Hunderte oder Tausende von Bedingungen enthalten, was sie für Menschen letzten Endes zu komplex macht, um sie zu verstehen.

Siehe auch:

Frage 31. Was ist maschinelles Lernen?
Frage 35. Was sind neuronale Netze?
Frage 86. Was bedeutet KI-Transparenz?

Wenn die KI alle Informationen erhalten würde, würde sie dann alles wissen?

Antwort: Man kann der KI nicht alle Informationen geben.

Die Welt ist weitaus komplexer, als sie scheint. Dinge, die für eine Person alltäglich sind, erfordern eine große Menge an schwer zu formulierenden Informationen.

Wie bereitet man sich zum Beispiel auf ein Picknick vor, wenn die Picknickdecke fehlt, der Saft fast aufgebraucht ist und eine laufende Nase stört? Du kannst die Picknickdecke durch eine alte Tagesdecke ersetzen, du kannst Wasser statt Saft nehmen, und wenn die laufende Nase allergiebedingt ist, solltest du Gras meiden.

Woher sollte die KI das alles wissen?

Die traditionelle Methode besteht darin, alle Informationen in klare Regeln zu fassen. Im Prinzip ist es einfach, jeden einzelnen Fakt zu kodieren, wie z.B. die Tatsache, dass eine Picknickdecke durch eine alte Tagesdecke ersetzt werden kann. Was ist, wenn es keine alte Tagesdecke mehr gibt? Auch eine alte Tischdecke eignet sich, oder ein Teppich, Handtuch, eine Isomatte, Plane und vieles mehr, je nach Untergrund und Wetter – und so weiter.

Die Vorstellung, dass alle notwendigen alltäglichen Informationen für einen Computer kodiert werden können, ist verlockend, aber unrealistisch. Es ist durchaus versucht worden. Das Cyc-Projekt entwickelt seit 1984 eine Wissensbasis des Alltagswissens. Mehr als 1000 Personenjahre Arbeit wurden geleistet, und die Wissensdatenbank enthält mehr als 25 Millionen Regeln, aber auf Basis der Wissensbasis wäre die KI kaum in der Lage, ein Picknick zu planen.

Eine neuere Methode besteht darin, ein Sprachmodell mit einer riesigen Menge an Texten aus allen Lebensbereichen zu trainieren. Dabei lernt das Sprachmodell Inhalte, die in den Texten vorkommen – nicht mit der Genauigkeit handgeschriebener Regeln, aber dafür auf flexiblere Weise.

Es gibt viele Informationen, die für einen Computer praktisch unmöglich zu kodieren sind, wie z. B. Erfahrungswissen und vage Informationen. Einige der schwer zu formulierenden Informationen können von einem Sprachmodell gelernt werden.

Siehe auch:

Frage 2. Ist KI intelligent?
Frage 46. Wird KI alles lernen, worüber man Daten sammeln kann – auch meinen Job?
Frage 54. Kann maschinelles Lernen alles lösen?

Welche Aufgabe kann der Mensch erledigen, die ein KI-Programm niemals schaffen wird?

Antwort: Sag niemals nie.

Computerprogramme steuern Weltraumraketen, handeln mit Derivaten und schreiben Gedichte, so dass es den Anschein hat, dass für sie nichts unmöglich ist. Es mag schwirig sein, sich eine einzelne Aufgabe vorzustellen, die im Prinzip nicht von einem Computerprogramm erledigt werden könnte. Das Programm tut es vielleicht nicht immer auf die bestmögliche Art und Weise, aber es würde es irgendwie tun – so wie eben beim Schreiben von Gedichten.

Die Aufgabe hat immer einen Startpunkt und ein Ziel. Das Computerprogramm, das die Aufgabe ausführt, nimmt den Start und das Ziel als Eingabe und soll das gewünschte Ergebnis liefern, z. B. ein Gedicht oder die Steuerung einer Rakete. Fällt dir eine Aufgabe ein, die prinzipiell nicht mit KI zu bewältigen wäre?

Wenn nicht, bedeutet das, dass KI-Programme alles können? Nein. Obwohl prinzipiell für jede Aufgabe ein Computerprogramm entwickelt werden könnte, gibt es nicht genügend Entwickler, Zeit und Geld auf der Welt für jedes einzelne Problem.

Bei vielen Aufgaben ist das Ziel bzw. das Mittel zur Zielerreichung jedoch zu unklar oder offen, um programmiert oder maschinell erlernt zu werden. Wie könnte ein Computerprogramm eine Aufgabe wie „ein Kind zu einem guten Menschen erziehen" ausführen?

Und darüber hinaus: Nicht alle Dinge lassen sich als Aufgaben formulieren. Zum Beispiel ist das Erleben von Emotionen keine Aufgabe. Die Darstellung einer Emotion in einem Computerprogramm kann eine Aufgabe sein, aber es ist etwas anderes als das Erleben einer Emotion.

Aufgaben, die für Menschen einfach, aber für künstliche Intelligenz schwierig sind, sind solche, die ein Verständnis von Kultur, Sprache, soziale Beziehungen oder Emotionen erfordern. Einfache Beispiele sind das Beantworten von Interpretationsfragen zu einer Erzählung, das Interpretieren eines Gedichts oder Kunstwerks und das korrekte und flüssige Übersetzen von Prosa mit künstlerischem Anspruch.

Siehe auch:

Frage 2. Ist KI intelligent?
Frage 18. Wenn die KI alle Informationen erhalten würde, würde sie dann alles wissen?
Frage 62. Welchem Alter entspricht die heutige KI?

Was ist künstliche Intelligenz?

Antwort: Traum und Albtraum.

Die Menschen projizieren ihre eigenen Hoffnungen und Ängste in Bezug auf die technologische Entwicklung auf die KI. Im Extremfall wird KI als Messias oder Teufel angesehen.

Hier sind drei Träume:

„KI verleiht Superkräfte": Die Stärken von KI-Programmen werden genutzt, um Menschen zu helfen. Jeder kann sein eigenes Leben und das anderer besser gestalten und seine Zeit sinnvoller nutzen.

„KI erledigt die Arbeit für uns": Die Vorteile einer gesteigerten Produktivität werden in der gesamten Gesellschaft kanalisiert, was zu einer Steigerung des Lebensstandards und des Wohlbefindens aller führt. Wer möchte, kann seine Arbeitszeit reduzieren oder für Dinge nutzen, die er für sinnvoll hält.

„KI rettet die Welt": KI wird helfen, globale Probleme zu lösen und nachhaltige Entwicklung zu stärken.

Hier sind wiederum drei Albträume:

„KI manipuliert uns": Unsere Wahrnehmung der Welt wird durch Inhalte, die mithilfe von künstlicher Intelligenz ausgewählt und produziert werden, im schlimmsten Fall auf eine so subtile Weise verändert, dass wir sie selbst und ihre Auswirkungen auf unser Handeln gar nicht bemerken.

„KI zerstört den sozialen Frieden": KI verschärft Ungleichheit. Sie nützt denen, die die Ressourcen haben, sie zu nutzen, und macht andere finanziell und geistig ärmer – individuell, unternehmerisch und staatlich – bis einige genug davon haben.

„KI wird die Welt zerstören": Der unvorsichtige Einsatz von KI in kritischen Systemen führt zu einer Umweltkatastrophe, einem Stromnetzkollaps oder einem Weltkrieg.

Siehe auch:

Frage 28. Welche Berufe werden nicht von KI betroffen sein?
Frage 53. Kann KI die ganze Welt erobern?
Frage 98. Ist KI zu fürchten?

Frage 21

Ist KI von Nutzen?

Antwort: Ist Elektrizität von Nutzen?

Der Vergleich mit Strom ist übertrieben, geht aber in die richtige Richtung. KI ist überall, auch wenn wir ihr keine Aufmerksamkeit schenken. So wären beispielsweise das Sortiment und die Preise von Lebensmittelgeschäften ohne künstliche Intelligenz anders, da KI in der Landwirtschaft, Produktion, Logistik und in Geschäften eingesetzt wird.

Künstliche Intelligenz wird sowohl eingesetzt, um Informationssysteme als auch Telekommunikation effizienter zu machen und vor Angriffen zu schützen – ohne KI würden wir Internet, Handys und Computer nicht mehr nutzen. Künstliche Intelligenz wird eingesetzt, um das Stromnetz zu optimieren, Geldwäscheversuche zu erkennen, Krankheiten zu erkennen und Operationen durchzuführen.

Der Alltag wird durch verbraucherorientierte KI-Anwendungen wie Internet-Suchmaschinen, Spam-Filter, Navigatoren, prädiktive Texteingabe, Textkorrekturlesen und maschinelle Übersetzung, Kamerafilter, Systeme, die Sprachbefehlen gehorchen, und automatische Untertitelung von Videos erleichtert. (Es ist Geschmackssache, zu beurteilen, ob manche dieser Anwendungen nicht sogar Nerven kosten.)

KI wird auch eingesetzt, um globale Probleme zu lösen. Die Ziele für nachhaltige Entwicklung der Vereinten Nationen werden durch KI-Projekte verfolgt, die beispielsweise darauf abzielen, den Zugang zu sauberem Wasser zu verbessern, den Menschenhandel einzudämmen, den Zustand der Umwelt zu überwachen, den Zugang zu Gesundheitsdiensten zu verbessern, humanitäre Hilfe effizienter zu leisten, den Düngemittelverbrauch zu reduzieren, den Stromverbrauch von Mobilfunknetzen zu senken, sich von Naturkatastrophen zu erholen, Epidemien zu bekämpfen – und die durch künstliche Intelligenz verursachten Schäden zu bewältigen.

Siehe auch:

Frage 1. Wo kann ich künstliche Intelligenz ausprobieren?
Frage 27. Kann KI als Künstler arbeiten?
Frage 94. Wird KI unsere Intelligenz beeinflussen?

Frage 22

Kann KI zur Entwicklung von Medikamenten eingesetzt werden?

Antwort: Ja – und zur Entwicklung von chemischen Waffen.

Computer können verwendet werden, um große Mengen potenzieller Wirkstoffmoleküle effizient zu screenen. Computerprogramme erzeugen unermüdlich chemische Strukturen und ihre Variationen und sagen ihre Eigenschaften bei der Behandlung von Krankheiten vorher: wie das Molekül mit Proteinen im Körper interagiert, in welchen Organen es wirkt, wie es deren Funktion beeinflusst und so fort. Die vielversprechendsten Wirkstoffkandidaten werden daraufhin in größerem Umfang in medizinischer Forschung und Entwicklung untersucht.

Die Erfolgsaussichten eines Moleküls als Medikament werden von zwei Eigenschaften bestimmt: ob es nützlich ist, also ob es die Krankheit behandelt, und ob es schädlich ist, also ob es toxisch ist. Beide Merkmale können mithilfe von künstlicher Intelligenz ausgewertet werden.

Aber sobald ein Computerprogramm für die Arzneimittelentwicklung dazu gebracht werden kann, die Toxizität von chemischen Verbindungen vorherzusagen, kann seine Logik umgekehrt werden, um gezielt nach giftigen Substanzen zu suchen, selbst nach solchen, die für chemische Waffen geeignet sind. Glücklicherweise ist die Entwicklung einer chemischen Waffe nicht einfach, selbst wenn künstliche Intelligenz für die Entwicklung geeigneter Moleküle genutzt werden kann.

Die Entwicklung chemischer Waffen ist ein Beispiel für das Missbrauchspotenzial von KI-Methoden. Technologien, die für gute Zwecke entwickelt wurden, können auch böswillig verwendet werden. Daher sollte die Ausbildung in KI immer auch die Aufklärung über die Risiken von KI und die ethischen Aspekte beinhalten, ähnlich wie bei Apothekerinnen und Apothekern, die über die Gefahren und den Missbrauch von Arzneimitteln Bescheid wissen müssen.

Siehe auch:

Frage 8. Was ist gute KI?
Frage 39. Welche Werte haben KI-Forscher?
Frage 83. Sollten KI-Programme wie Autos auf ihre Sicherheit überprüft werden?

Warum erscheint KI in Filmen und Romanen als Bedrohung?

Antwort: Weil es sich verkauft.

Filme, Fernsehserien und Romane betonen Risiken und erfinden Unfälle, weil sie Spannung erzeugen. Wer würde nicht gerne wissen, ob die Protagonisten einen Tornado, eine kriminelle Vereinigung, Krebs oder Eifersucht davon abhalten können, das Leben der Menschen zu zerstören, die ihnen wichtig sind – oder eine künstliche Intelligenz, die die Menschheit versklavt?

Schwierigkeiten sind der Treibstoff von Dramen. Sie bringen verborgene Züge der Menschen zum Vorschein und können sie und ihr Leben verändern, indem sie den Bogen der Geschichte bilden. Ein realistischer Film über künstliche Intelligenz wäre langweilig. Künstliche Intelligenz ist auch eine gute Möglichkeit, über die Menschheit nachzudenken. Die Gegenüberstellung von Mensch und künstlicher Intelligenz hilft zu reflektieren, in welchen Eigenschaften wir uns von Maschinen unterscheiden.

Fiktion ist auch eine Möglichkeit, sich mit den möglichen potenziellen Entwicklungen und Auswirkungen von KI auf Mensch, Gesellschaft und Umwelt auseinanderzusetzen. Im besten Fall können Filme und Romane uns dazu bringen, über mögliche Probleme nachzudenken, solange sie noch beeinflusst werden können.

Siehe auch:

Frage 45. Kann sich KI selbst entwickeln?
Frage 47. Worauf zielt KI ab?
Frage 53. Kann KI die ganze Welt erobern?

Muss ich mir Sorgen machen?

Antwort: Ja. Mithilfe von künstlicher Intelligenz können Menschen getäuscht und ihres freien Willens beraubt werden.

Wir denken, dass wir alle immun gegen Beeinflussungsversuche sind, wir glauben, dass wir sie durchschauen können. Die schlechte Nachricht: Ein großer Teil der Beeinflussung wird uns nie auffallen. Wir werden unwissentlich manipuliert. Soziale Medien zum Beispiel beeinflussen, was ihre Nutzer als allgemein akzeptierte Meinung wahrnehmen – nicht durch Predigten, sondern durch mehr oder weniger subtile Auswahl, welche Inhalte und Reaktionen den Nutzern gezeigt werden und welche nicht.

Künstliche Intelligenz wird auch verwendet, um regelrechte Betrügereien zu begehen. Oft geht es um Geld; aber was ist, wenn gefälschte Videos Entscheidungsträger oder Bürger dazu verleiten, in einer Krisensituation falsche Entscheidungen zu treffen? Nach dem Einmarsch Russlands in die Ukraine im Jahr 2022 tauchte im Internet ein Video auf, in dem der ukrainische Präsident Wolodymyr Selenskyj die Ukrainer auffordert, sich zu ergeben. Hoffentlich dachten nicht viele Soldaten, dass das Video echt war.

Die bloße Kenntnis von der Existenz gefälschter Videos verringert das Vertrauen in die Verbreitung von Informationen und kann die Entscheidungsfindung verlangsamen, wenn der Wahrheitsgehalt korrekter Informationen zunächst mithilfe anderer Quellen überprüft werden muss. Eine gleichzeitige Flut von Fake-Videos würde Entscheidungen nicht einfacher machen. Hoffen wir, dass die wichtigen, richtigen Entscheidungen nicht ungetroffen bleiben!

Siehe auch:

Frage 5. Hat KI ein Geschlecht?
Frage 88. Haben KI-Giganten viel Macht?
Frage 98. Ist KI zu fürchten?

Hat die KI Fehler gemacht?

Antwort: Den KI-Entwicklern sind Fehler passiert.

Wenn Menschen und Unternehmen versuchen, die Vorteile von KI voll auszuschöpfen, wird sie manchmal leichtfertig eingesetzt, ohne ein ausreichendes Verständnis der Funktionsweise des Programms, ohne ein ausreichendes Verständnis der Eigenschaften der verwendeten Daten, ohne ausreichende Tests – und von Anfang an ohne ausreichende Berücksichtigung der eigentlichen Notwendigkeit des Programms und möglicher nachteiliger Auswirkungen.

Die britische Post war in den größten Justizirrtum in der Geschichte des Landes verwickelt, als ihre Mitarbeiter aufgrund eines Programmierfehlers von Fujitsu wegen Veruntreuung verurteilt wurden. Nach jahrelangen Kämpfen wurden 2021 39 Gerichtsurteile aufgehoben. Es gibt Tausende von verschiedenen Rückerstattungsansprüchen. Aus einem Bericht ging hervor, dass 13 Betroffene des Vorfalls sich später das Leben nahmen.

Das von IBM entwickelte Watson-System lieferte lebensbedrohliche Medikamentenempfehlungen für die Ärzte von Krebspatienten. Ein Chatbot namens Tay, der von Microsoft veröffentlicht wurde, begann innerhalb eines Tages in Chats, Hitler zu loben, obwohl er die Mensch-Maschine-Kommunikation auf eine neue Ebene heben sollte. Die Gesichtserkennungssoftware von Amazon hat 28 US-Kongressabgeordnete als Kriminelle „identifiziert". Googles Bilderkennungssoftware kennzeichnete schwarze Menschen auf Fotos als Gorillas. Die Gesichtserkennung von Apples iPhone konnte mit einer Maske ausgetrickst werden. Und so weiter.

Wenn ein Programm nicht richtig funktioniert, ist es die Schuld der Programmersteller, nicht des Programms.

Siehe auch:

Frage 7. Kann KI Vorhersagen treffen?
Frage 15. Warum bekomme ich Online-Werbung für eine Kaffeemaschine, die ich gerade gekauft habe?
Frage 19. Welche Aufgabe kann der Mensch erledigen, die ein KI-Programm niemals schaffen wird?

Kann maschinelles Lernen Diskriminierung beseitigen?

Antwort: Maschinelles Lernen kann tatsächlich zu Diskriminierung führen.

Die Maschine beschäftigt sich nur mit Fakten und hat keine Vorurteile – oder doch? Es mag statistisch richtig sein, dass die Einwohner einer Region ihre Kredite schlecht verwalten. Aber wenn ein Computerprogramm das Kreditrisiko eines einzelnen Kunden aufgrund seines Wohnorts als hoch einstuft, handelt es sich um eine Verzerrung. Und wenn es zur Ablehnung eines Kredits führt, ist es Diskriminierung. Die Bewertung sollte auf der tatsächlichen Fähigkeit jedes Kunden beruhen, den Kredit zu bedienen, und nicht auf der von anderen Einwohnern seines Wohnortes.

Diskriminierung entsteht in der künstlichen Intelligenz oft als Nebenprodukt des maschinellen Lernens, auch wenn man ganz bewusst versucht, sie zu vermeiden. Selbst wenn beispielsweise der ethnische Hintergrund der Kunden aus den Daten entfernt wird, kann das maschinell erlernte Modell immer noch auf dieser Grundlage diskriminieren. So kann das Modell beispielsweise das Kreditrisiko in Gebieten mit einer großen Anzahl ethnischer Minderheiten als statistisch hoch einschätzen. Das Modell diskriminiert dann Menschen, die in diesen Gebieten leben, unabhängig von ihrer ethnischen Herkunft, und statistisch gesehen häufiger Minderheiten als die Mehrheit.

Extrembeispiele für KI, die Diskriminierung ermöglicht, sind Anwendungen, die versuchen, persönliche Merkmale wie Geschlecht, sexuelle Orientierung, ethnische Zugehörigkeit oder politische Überzeugung beispielsweise anhand von Fotos zu identifizieren. Warum will man solche Merkmale überhaupt automatisch erkennen?

Siehe auch:

Frage 5. Hat KI ein Geschlecht?
Frage 87. Wie kann man wissen, wie ein KI-System funktioniert?
Frage 98. Ist KI zu fürchten?

Kann KI als Künstler arbeiten?

Antwort: Wohl kaum.

Ein Werk ist ein Werk, egal ob es von einem Menschen oder einer Maschine erschaffen wurde? Falsch.

Der Urheber zählt. Bilder oder Gedichte, die von Computerprogrammen generiert werden, beweisen es: Sie können schön und tiefgründig sein, aber wenn das Publikum weiß, dass die Werke KI-generiert sind, werden sie nicht die gleiche Reaktion hervorrufen wie von Menschen geschaffene Werke. Irgendetwas scheint zu fehlen, und dieses Etwas ist der Künstler hinter dem Werk, ein bewusster Mensch mit künstlerischer Absicht.

Kunst findet zwischen Menschen statt. Werke sind die Kulmination von Kunst, aber Kunst umfasst auch die Schöpfer, die Arbeit, die Kultur und Fragen nach dem Wer, Was, Warum, Wie. Sie geben den Werken einen Sinn. Daher fällt die Reaktion auf ein und dasselbe Werk unterschiedlich aus, je nachdem, ob davon ausgegangen wird, ob es von einem Menschen oder einer Maschine stammt.

Das *Porträt von Edmond Belamy*, das von einem Computerprogramm generiert wurde, wurde für 400 000 Dollar verkauft. Zeigt die Summe, dass das Werk künstlerisch war? Nein. Der Wert des Werkes ergibt sich nicht aus den künstlerischen Vorzügen des Programms. Es besteht aus Fragen über das Wer, Was, Warum, Wie. Aber die Fragen wurden nicht von einem Computerprogramm gestellt oder beantwortet, sondern von den Menschen um dieses herum. Die künstlerische Bedeutungslosigkeit des Programms wird dadurch unterstrichen, dass die anderen Bilder, die es produziert, praktisch wertlos sind.

In der Diskussion um kreative KI werden drei Konzepte leicht verwechselt: Generierung, Kreativität und Kunst.

Zunächst einmal ist ein Programm, das z.B. Gedichte generiert, möglicherweise nicht kreativ. Sind die Gedichte, die es produziert, kreativ, d.h. neu und bedeutungsvoll? Und arbeitet das Programm selbst kreativ, indem es entsprechende Entscheidungen trifft, die nicht vorgegeben sind? Wenn ein Programm Fehler macht, die sich als kreativ herausstellen, wer oder was erkennt seine Kreativität – das Programm oder ein Mensch?

Zweitens macht ein Programm, das kreativ ist, nicht unbedingt Kunst. Kunst ist Dialog in und mit der Kultur, oft auch Selbstdarstellung und Kommunikation zwischen Menschen. Es ist schwierig vorstellbar, dass ein Computerprogramm selbständig Kunst im exakt selben Sinn wie ein Mensch schaffen könnte – als Unterstützung für den Menschen aber wohl.

Siehe auch:

Frage 76. Hat KI Emotionen?
Frage 77. Kann KI kreativ sein?
Frage 93. Was passiert mit der Kreativität, wenn KI es jedem erlaubt, kreativ zu sein?

Welche Berufe werden nicht von KI betroffen sein?

Antwort: KI betrifft fast alle Berufe.

KI kann schwer zu vermeiden sein. Es lohnt sich, darüber nachzudenken, wie man die eigene Arbeit mithilfe von künstlicher Intelligenz einfacher machen kann – oder nützlicher, effizienter, energiesparender, sicherer oder anderweitig besser.

Zuckerbrot: Wenn Mitarbeiter Aufgaben in ihrer Arbeit identifizieren, die mit KI automatisiert oder optimiert werden können, haben sie mehr Zeit für wichtigere und interessantere Dinge.

Peitsche: Jobs von Mitarbeitern, die sich nicht an die KI anpassen, können von anderen übernommen werden, die sich anpassen und dadurch die Arbeit besser erledigen.

KI hat die geringsten Auswirkungen auf Jobs, bei denen wichtige Aufgaben schwer zu automatisieren sind. Sie erfordern soziale oder emotionale Intelligenz, menschliche Präsenz, Fürsorge für Menschen, strategisches Denken oder Kreativität. Zu diesen gehören zum Beispiel Krankenpfleger, Ärzte, Lehrer und Geschäftsführer. Sie werden nicht durch KI ersetzt – doch könnte KI in Zukunft für einige ihrer aktuellen Aufgaben eingesetzt werden.

Siehe auch:

Frage 43. Soll ich programmieren lernen?
Frage 91. Wie geht es mit der KI weiter?
Frage 96. Wird KI den Menschen die Arbeitsplätze wegnehmen?

Woher weiß ich, dass ich selbst keine KI bin?

Antwort: Durch nichts.

Es gibt keine Möglichkeit zu wissen, ob du ein KI-Programm bist, das nur von scheinbaren Sinneswahrnehmungen gespeist wird. Du kannst auch nicht wissen, ob du ein Gehirn bist, das in einer Flüssigkeit schwimmt, auf die elektrische Impulse gerichtet werden, um die Illusion der Umwelt, des Lebens und dieses Buches zu erzeugen. Du weißt auch nicht, ob die Menschen um dich herum (biologische) Roboter sind.

Es gibt keinen sicheren Weg, dich davon zu überzeugen, dass du kein Computerprogramm bist, denn alle eigenen Beobachtungen könnten Teil eines Schwindels sein. Das Einzige, dessen du dir ziemlich sicher sein kannst, sind deine eigenen Gedanken. Daher ist das stärkste Argument gegen ein KI-Programm wahrscheinlich, dass du dir dieser Gedanken bewusst bist – oder? – und, dass du über solche Fragen nachdenkst.

Wenn du mich fragst, glaube ich, dass du und die anderen Leser des Buches Menschen sind. Andernfalls hätte ich das Buch gar nicht geschrieben.

Siehe auch:

Frage 69. Wurde dieses Buch von einer KI geschrieben?
Frage 76. Hat KI Emotionen?
Frage 79. Kann KI ein Bewusstsein haben?

Was ist künstliche Intelligenz?

Antwort: Eine Disziplin.

Künstliche Intelligenz ist eine siebzig Jahre alte Disziplin, die sich mit Maschinen beschäftigt, die in komplexen Situationen rational agieren. Ein großer Teil der künstlichen Intelligenz untersucht Prinzipien der Informatik, nach denen ein Computerprogramm rational funktionieren kann. Andere Teile liegen in der Philosophie und Kognitionswissenschaft: Was bedeutet Intelligenz im Falle einer Maschine überhaupt? Die ethisch-gesellschaftliche Perspektive hingegen untersucht, wie künstliche Intelligenz richtig und sicher entwickelt und eingesetzt werden kann.

Künstliche Intelligenz ist als Disziplin das, was ihre Forschungsgemeinschaft als künstliche Intelligenz betrachtet. Zu den folgenden Forschungsbereichen werden auf der führenden KI-Konferenz (der „International Joint Conference on Artificial Intelligence") Beiträge präsentiert:

Zu den Bereichen, die auf rationales Handeln abzielen, gehören a) die Repräsentation von Wissen und darauf aufbauendes Schlussfolgern („knowledge representation" und „reasoning"), b) Suche („search") und Spielen („game playing"), d. h. Methoden, eine Menge möglicher Handlungen oder Züge zu untersuchen, c) das Planen von Handlungen, etwa in einem Roboter („planning"), d) das „Programmieren" künstlicher Intelligenz durch die Definition der Kriterien für die gesuchte Lösung anstelle einer Lösungsmethode („constraint programming"), e) das maschinelle Lernen, d. h. das Lernen aus Erfahrung in Computern („machine learning"), und f) der Umgang mit Unsicherheit („uncertainty in AI").

Rationales Handeln findet nicht im luftleeren Raum statt. Zu den Bereichen, die die Interaktion mit der Umwelt untersuchen, gehören g) maschinelles Sehen („computer vision"), d.h. die Fähigkeit des Programms, visuelle Beobachtungen zu machen, h) das Verstehen und Produzieren von Text und Sprache („natural language processing"), und i) unabhängige, aber kooperative Programme der künstlichen Intelligenz („multi-agent systems").

Einige Forschungsbereiche konzentrieren sich auf Anwendungen und generiertes Wissen: j) multidisziplinäre Themen und Anwendungen, k) Anwendungen des maschinellen Lernens, l) Data Mining, d.h. künstliche Intelligenz in der Datenanalyse.

Zu den menschlichen, gesellschaftlichen und philosophischen Forschungsgebieten der KI gehören m) Mensch und künstliche Intelligenz und n) Ethik, Vertrauenswürdigkeit und Nichtdiskriminierung durch KI.

Siehe auch:

Frage 3. Ist KI schwierig?
Frage 9. Wer hat die KI erfunden?
Frage 91. Wie geht es mit der KI weiter?

Was ist maschinelles Lernen?

Antwort: Die Suche nach Regelmäßigkeiten in Daten.

Maschinelles Lernen wird eingesetzt, um in Daten nach Gesetzmäßigkeiten und Mustern, also Verallgemeinerungen, zu suchen. Die Regel „E-Mails sind wahrscheinlich Spam, wenn sie Links zu Webadressen enthalten und Wörter in GROSSBUCHSTABEN enthalten" ist eine einfache Verallgemeinerung, die in E-Mails entdeckt werden konnte. Der Machine-Learning-Algorithmus stellt die gefundenen Gesetzmäßigkeiten beispielsweise als Regeln, Gleichungen oder neuronale Netze dar. Regelmäßigkeiten werden mithilfe eines maschinellen Lernalgorithmus gesucht, und die gefundenen Muster werden als Modell bezeichnet.

Beim *überwachten Lernen* wird nach Gesetzmäßigkeiten gesucht, um diese als Verallgemeinerungen anzuwenden, damit das Gewünschte imitiert werden kann – zum Beispiel die Auswahl eines geeigneten E-Mail-Ordners für eine eingehende Nachricht. Beim *unüberwachten Lernen* werden Regelmäßigkeiten zum Beispiel genutzt, um Dinge zu finden, die einander ähnlich sind. Damit kann man Gruppen von ähnlichen, zusammengehörigen E-Mails entdecken, unabhängig von einer vorgegebenen Ordnerstruktur.

Beim maschinellen Lernen werden alle wichtigen Entscheidungen von den Entwicklern des Programms getroffen. Sie entscheiden, welchen Lernalgorithmus sie verwenden, unter anderem anhand der von ihnen angestrebten Regelmäßigkeiten. Sie entscheiden auch, was mit dem durch maschinelles Lernen erstellten Modell geschehen soll. Wird Spam vernichtet, in einen eigenen Ordner verschoben oder wird eine Warnung angezeigt, um die Benutzer zu informieren?

Maschinelles Lernen ist immer mit Unsicherheit verbunden. Die gefundenen Regelmäßigkeiten sind nur statistische Beobachtungen, und selbst diese sind oft grob. Spam wird nicht sicher erkannt, wie wir alle vermutlich schon einmal bemerkt haben.

Lernen ist genau genommen ein irreführendes Wort, da oft weder der Lernalgorithmus noch das Modell tatsächlich lernt. Der Algorithmus für maschinelles Lernen ändert sich nicht, er erzeugt nur ein Modell, und normalerweise ändert sich das Modell auch nicht mehr, nachdem der Lernalgorithmus einmal ausgeführt wurde. Eine Ausnahme bildet das Verstärkungslernen („reinforcement learning"): Hier ändert sich das Modell während der Programmausführung.

Siehe auch:

Frage 17. Was ist ein Entscheidungsbaum?
Frage 36. Wie wird die Genauigkeit des maschinellen Lernens bewertet?
Frage 55. Was ist Emergenz?

Ist KI dasselbe wie maschinelles Lernen oder neuronale Netze?

Antwort: Ist Essen dasselbe wie Mittagessen oder Wiener Schnitzel?

Künstliche Intelligenz ist ein weit gefasster Begriff. Es umfasst neben dem maschinellen Lernen noch viel mehr. Maschinelles Lernen hingegen nimmt viele Formen an und wird zum Beispiel mit neuronalen Netzen durchgeführt. Neuronale Netze sind ein gutes Wiener Schnitzel (auch in vegetarischer oder veganer Version erhältlich!), aber es gibt auch andere Formen der künstlichen Intelligenz und andere Lebensmittel.

Der anhaltende KI-Boom wird durch neuronale Netze und maschinelles Lernen vorangetrieben. Mit ihnen lassen sich heute Dinge tun, von denen man vor fünf oder zehn Jahren noch nicht einmal zu träumen gewagt hätte.

Es wird so viel über neuronale Netze gesprochen, dass andere Methoden des maschinellen Lernens in den Schatten gestellt werden (z. B. lineare und logistische Regression, Naive Bayes, Stützvektormaschinen, Entscheidungsbäume oder k-nächste-Nachbarn). In ähnlicher Weise tritt das maschinelle Lernen andere Bereiche der KI in Bezug auf Sichtbarkeit und Sexyness mit Füßen (z. B. Wissensrepräsentation und Schlussfolgern, Suchalgorithmen, Multi-Agenten-Systeme und Umgang mit Unsicherheit).

Maschinelles Lernen löst einige KI-Probleme, aber bei Weitem nicht alle. Nehmen wir zum Beispiel die Berechnung der Rente. Es ist schwierig, weil es eine Vielzahl unterschiedlicher Arbeitsverhältnisse, Altersversorgungssysteme, Regelungen, Ausnahmen und Ausnahmen von Ausnahmen sowie Versionen von all diesen aus verschiedenen Jahrzehnten gibt. Maschinelles Lernen kommt nicht in Frage, weil es nicht genügend Trainingsdaten gibt, weil es keine ausreichenden Garantien für die Zuverlässigkeit des erlernten Modells liefert und es aufgrund der fehlenden Trainingsdaten unmöglich wäre, Änderungen vorzunehmen, zum Beispiel bei Änderungen von Vorschriften.

Wiener Schnitzel eignet sich nicht als einziges Gericht auf der Speisekarte.

Bei der Rente können die Regeln nicht durch maschinelles Lernen, sondern von Menschen am Computer kodiert werden. Es werden keine Trainingsdaten benötigt, und das System ist einigermaßen verständlich, zuverlässig und anpassbar.

Siehe auch:

Frage 11. Worauf basiert KI?
Frage 35. Was sind neuronale Netze?
Frage 54. Kann maschinelles Lernen alles lösen?

Frage 33

Was sind Trainingsdaten?

Antwort: Das Objekt der Nachahmung im maschinellen Lernen.

Überwachtes maschinelles Lernen ist eine Form der Nachahmung, die auf Trainingsdaten beruht. Soll dem Programm beigebracht werden, Arten von Pflanzen anhand von Fotografien zu erkennen, werden Bilder von Pflanzen zusammen mit den jeweiligen Arten als Trainingsdaten zur Verfügung gestellt. Soll dem Programm das Komponieren beigebracht werden, werden Kompositionen als Trainingsdaten mitgegeben.

Trainingsdaten sind in der Regel alles, was ein Lernprogramm über die Welt weiß. Ein Kompositionsprogramm lernt höchstens die Eigenschaften der Kompositionen, die in den Trainingsdaten enthalten sind, ein Programm für die Erkennung der Arten von Pflanzen erkennt höchstens die Pflanzen in seinen Trainingsdaten.

Die Qualität und der Umfang der Trainingsdaten haben einen großen Einfluss auf das Lernen. Wenn nicht genügend aussagekräftige Bilder von Himbeeren aus der Nähe und aus der Ferne aufgenommen wurden, mit und ohne Beeren und Blätter, in verschiedenen Umgebungen und aus verschiedenen Blickwinkeln, wird es für den Lernalgorithmus schwierig sein, zu lernen, Himbeeren anhand neuer Bilder zu erkennen.

Trainingsdaten sind nie perfekt. Neben Himbeeren sind auf den Bildern auch andere Pflanzen zu sehen, ein Bild mit einer Himbeere kann mit „Erdbeere" beschriftet sein, oder ein Himbeerbild kann „Heimbeer" heißen. Der Lernalgorithmus versteht selbst offensichtliche Fehler in den Trainingsdaten nicht, sondern sucht in den Bildern nach Merkmalen, die die Himbeere vom „Heimbeer" unterscheiden.

Die Beschaffung guter Trainingsdaten ist wichtig für die Qualität des maschinellen Lernens. Je komplexer das nachzuahmende Ding ist, desto größer und vielfältiger müssen die Trainingsdaten sein – und doch lernt das Programm immer etwas anderes, als es sollte! Unabhängig von der Quantität und Qualität der Bilder lernt das Programm das Konzept der Himbeere nicht als Pflanze, sondern als Merkmale der Fotos, die es sieht.

Siehe auch:

Frage 39. Welche Werte haben KI-Forscher?
Frage 46. Wird KI alles lernen, worüber man Daten sammeln kann – auch meinen Job?
Frage 89. Wie viel Energie verbraucht KI?

Was ist Verstärkungslernen („reinforcement learning")?

Antwort: „Training on the job".

Ein Beispiel für das Verstärkungslernen („reinforcement learning") kommt aus der Robotik: Ein Roboter führt seine Aufgaben aus und lernt gleichzeitig aus den Ergebnissen seiner Handlungen. Wenn das Ergebnis gut ist, begünstigt – also verstärkt – der Lernalgorithmus die Handlungen, die dazu geführt haben.

Verstärkungslernen ist kontinuierliches „training on the job", während andere Formen des maschinellen Lernens in der Regel „klinisches" Training in einem Labor sind und im Normalfall das Gelernte ohne kontinuierliches Lernen anwenden.

Beim Verstärkungslernen kann das Programm lernen, Aufgaben zu erledigen, die sich später auf es selbst auswirken. Die Entscheidung, die der Paket-Zustellroboter trifft – ob er versucht, sich im Falle eines auf dem Bürgersteig geparkten Lieferwagens durch den Rasen fortzubewegen oder er sich über die Straße bewegt – beeinflusst, wie lange es dauert, bis er die Zustellung schafft oder ob er sie überhaupt schafft. Der Roboter lernt ständig dazu und passt seine Handlungen auf der Grundlage seiner Erfahrungen an.

Verstärkungslernen ist ein Balanceakt zwischen der gewohnten Arbeitsweise auf der einen Seite und dem Ausprobieren unbekannter, aber möglicherweise besserer Gewohnheiten auf der anderen Seite. Soll der Roboter versuchen, über den Rasen zu fahren, wenn er wenig oder schlechte Erfahrungen mit dem Rasen gemacht hat? Es könnte viel Zeit sparen!

Verstärkungslernen wird dadurch erschwert, dass das Ergebnis oft nur verzögert bekannt ist und Handlungen das Ergebnis indirekt beeinflussen können. Der Roboter bewegte sich schnell über den Rasen, aber lag es am Rasen oder etwas anderem zuvor (wie beispielsweise einem nassen Bürgersteig), das die Reifen zum Rutschen brachte?

Siehe auch:

Frage 4. Nutzen Roboter KI?
Frage 31. Was ist maschinelles Lernen?
Frage 85. Sollten Roboter Rechte und Pflichten haben?

Was sind neuronale Netze?

Antwort: Komplexe Formeln, die aus einfachen Teilen bestehen.

Die neuronalen Netze, die in der künstlichen Intelligenz verwendet werden, bestehen aus so genannten künstlichen Neuronen, die einfache Berechnungen durchführen. Ihre Zahl kann von einer Handvoll bis zu Milliarden reichen. Neuronen sind in einem Netzwerk miteinander verbunden, in dem sie ihre eigenen Ergebnisse als Input an andere Neuronen weitergeben, die wiederum ihre eigenen Berechnungen mit ihnen durchführen. Die ersten Neuronen lesen den Input, der dem Netzwerk gegeben wird, und die letzten produzieren das Ergebnis des Netzwerks.

Aus Sicht der künstlichen Intelligenz und des maschinellen Lernens haben neuronale Netze zwei nützliche Eigenschaften.

Erstens: Obwohl einzelne Neuronen einfach sind, ist das Netzwerk als Ganzes in der Lage, sehr komplexe Berechnungen durchzuführen. Ein klassisches Beispiel ist die Klassifizierung eines Fotos danach, ob es eine Katze zeigt oder nicht. Die gewünschte Berechnung ausgehend von einem Foto als Eingabe (also den Pixeln des Fotos) ergibt einen Wert zwischen 0 und 1: Je höher der Wert, desto wahrscheinlicher ist es, dass eine Katze im Bild ist. Doch wie bestimmt man die hier notwendige komplexe Berechnung?

Ein weiteres Merkmal neuronaler Netze erweist sich hier als nützlich: Durch eine entsprechende Anpassung der Neuronen kann das Ergebnis der Berechnung des gesamten Netzwerks in die gewünschte Richtung gesteuert werden, ohne dass man weiß, wie die Berechnung durchgeführt werden soll. Das neuronale Netz wird mit Trainingsdaten geschult, indem man ihm nacheinander Bilder mit oder ohne Katze zeigt, und das Netz seine Ergebnisse berechnen lässt. Wenn im Bild eine Katze zu sehen ist und das Ergebnis des Netzwerks nicht 1 ist, werden die Verbindungen zwischen den Neuronen so angepasst, dass bei diesem Bild das Ergebnis des Netzwerks näher an 1 ist als zuvor. Wenn keine Katze auf dem Bild zu sehen ist, werden die Verbindungen zwischen den Neuronen so angepasst, dass ein Ergebnis erzielt wird, das näher bei 0 liegt. Nach und nach, wenn das Training erfolgreich ist, und vielleicht erst nach Tausenden von Bildern, beginnt das Netzwerk mit Berechnungen, die einer korrekten Identifizierung einer Katze entsprechen.

Beim erfolgreichen Lernen bildet das neuronale Netz eine Art Verallgemeinerung darüber, wie man eine Katze auf einem Bild erkennt. Die Verallgemeinerung liegt allerdings in Form einer komplexen Berechnung vor, die von Menschen gar nicht mehr interpretiert oder nachvollzogen werden kann.

Siehe auch:

Frage 17. Was ist ein Entscheidungsbaum?
Frage 33. Was sind Trainingsdaten?
Frage 63. Warum ist mit künstlicher Intelligenz eine Mystik verbunden?

Wie wird die Genauigkeit des maschinellen Lernens bewertet?

Antwort: Indem man es an bekannten Fällen testet und davon ausgeht, dass neue Fälle ähnlich sind.

Die Idee hinter der Bewertung der Genauigkeit des maschinellen Lernens ist einfach. Man füttert das maschinell erlernte Modell mit bekannten Beispielen und misst, wie gut es auf diesen abschneidet. Wenn das Modell darauf trainiert wurde, Straßenschilder anhand von Fotos zu erkennen, werden ihm während der Testphase Bilder von Straßenschildern gezeigt und es wird berechnet, wie oft die Schilder darauf korrekt erkannt werden. Täuschend einfach!

Das Ergebnis des Tests gibt nämlich nur Aufschluss über die Funktionsweise des erlernten Modells in den Testfällen, nicht unbedingt im tatsächlichen Einsatz. Die Training- und Testdaten können Fehler enthalten (die Bilder stammen aus einem Land mit anderen Verkehrsschildern) und Verzerrungen (die Bilder haben einen unverhältnismäßig hohen Anteil von Schildern mit Warnungen und Verboten), die Daten können veraltet sein (Schilder nach der letzten Gesetzesreform fehlen) oder sie entsprechen nicht den tatsächlichen Anwendungsfällen (in den Testdaten sind die Schilder deutlich sichtbar und die Bilder sind von hoher Qualität, während sie im realen Gebrauch verschwommen und nur teilweise sichtbar sind).

Trainingsdaten sind praktisch immer unvollständig. Paradoxerweise ist ein Grund dafür die Besessenheit der Wissenschaftler, die Genauigkeit statistisch zu messen. Um eine gute Genauigkeit zu erreichen, sind große Datenmengen erforderlich. Aber genau dieser Wunsch, immer mehr Daten zu nutzen, führt oft dazu, dass die hinzugenommenen Datenmengen nicht mehr repräsentativ sind.

Darüber hinaus ermutigt die Vergleichbarkeit mit früheren Studien, an alten Daten festzuhalten, auch wenn es neuere gibt, die repräsentativer sind.

Es ist die Faulheit und Nachlässigkeit von Programmentwicklern, sich blind auf maschinelles Lernen zu verlassen und Ergebnisse mit vertrauten Daten zu testen. Es ist mühsam, darüber nachzudenken und herauszufinden, welche Art von Daten für die Aufgabe benötigt werden, was aus den verfügbaren Daten gelernt werden kann, wie durch die Daten verursachte Verzerrungen vermieden werden können und wie man sich auf die Identifizierung und Korrektur auftretender Fehler vorbereitet. Es erfordert Ehrlichkeit und Mut, die Risiken und Schwächen eines Systems anzuerkennen!

Siehe auch:

Frage 8. Was ist gute KI?
Frage 25. Hat die KI Fehler gemacht?
Frage 39. Welche Werte haben KI-Forscher?

Kann maschinelles Lernen einem Menschen etwas beibringen?

Antwort: Ja. Das wird oft als Datenwissenschaft („data science") bezeichnet.

Künstliche Intelligenz soll Programme intelligenter machen, Datenwissenschaft („data science") die Menschen. In der Data Science geht es darum, dass Data Scientists lernen, ihre Daten besser zu verstehen, um sie besser nutzen zu können. Data Science kann maschinelles Lernen nutzen, um Daten zu analysieren. Insbesondere sogenannte unüberwachte Methoden des maschinellen Lernens können für Data Scientists nützlich sein, um Regelmäßigkeiten zu erkennen. Im besten Fall lernt ein Data Scientist mithilfe des maschinellen Lernens etwas Neues über die Phänomene, die in den Daten repräsentiert sind.

In der Praxis ist der Unterschied zwischen Data Science und künstlicher Intelligenz oft nicht vorhanden. Nehmen wir zum Beispiel genetisches Material und die Erforschung von Erbkrankheiten. Wenn ein Genetiker Gene, die für Krankheiten prädisponieren, mithilfe von maschinellem Lernen oder Data Mining kartografiert, handelt es sich um Data Science: Ziel ist, die Mechanismen zu verstehen, die Krankheiten verursachen. Auf der anderen Seite kann man je nach Sichtweise sagen, dass ein Genetiker künstliche Intelligenz in seiner Arbeit einsetzt.

Data Science und künstliche Intelligenz befruchten sich gegenseitig. Entwickler von KI-Anwendungen nutzen häufig Data Science, um Datensätze zu verstehen, bevor sie diese in einer App verwenden. Umgekehrt lässt sich das in Data Science erworbene Verständnis häufig in eine KI-Anwendung „verpacken", wie z.B. für die Nutzung genetischer Daten zur Einschätzung des Risikos oder die Einsicht in die Krankheitsursache eines Patienten.

Siehe auch:

Frage 1. Wo kann ich künstliche Intelligenz ausprobieren?
Frage 32. Ist KI dasselbe wie maschinelles Lernen oder neuronale Netze?
Frage 68. Welche KI-Kompetenzen sollten Bürgerinnen und Bürger haben?

Was ist Informatik?

Antwort: Automatisierung von Verallgemeinerungen.

Die Informatik beschäftigt sich mit der effizienten Automatisierung der Informationsverarbeitung durch Computer, und in Computerprogrammen beruht die Automatisierung stets auf Verallgemeinerung. In der Routensuche eines Kartenprogramms ist es beispielsweise eine wichtige Verallgemeinerung, nach Routen zwischen beliebigen Punkten A und B zu suchen.

Praktische Anwendungen der Informatik sind Algorithmen und Computerprogramme, mit denen automatisiert wird.

In der Informatik sind Verallgemeinerungen oft Abstraktionen. Ein Routenfindungsalgorithmus kümmert sich beispielsweise nicht um die Landschaft oder Risiken, sondern nur um die Distanzen zwischen den Wegpunkten. Daher kann derselbe Algorithmus auch auf andere Aufgaben angewendet werden, die durch das Weglassen von Details (Abstraktion) als eine Suche nach dem kürzesten Weg dargestellt werden können. Andererseits kann eine Verallgemeinerung eine Erhöhung der Komplexität des Algorithmus erfordern, damit er auch auf Problemvarianten angewendet werden kann, die sich nicht auf dieselbe Weise abstrahieren lassen.

Ein Algorithmus ist eine detaillierte Anweisung zum Ausführen einer bestimmten Aufgabe. Ein wichtiges Merkmal eines Algorithmus ist neben der Korrektheit, Effizienz und Genauigkeit auch seine Vielseitigkeit im Einsatz. Kann derselbe Routenfindungsalgorithmus beispielsweise auch verwendet werden, um den Datenverkehr in Computernetzwerken zu steuern oder nach anderen Personen zu suchen, die zwei Social-Media-Nutzerinnen oder Nutzer verbinden?

Computerprogramme implementieren Algorithmen. Zusätzlich zum Routenfindungsalgorithmus verwendet das Kartenprogramm eine Datenbank mit Kartendaten und stellt eine Benutzeroberfläche für die Navigation zur Verfügung. Der Routing-Algorithmus und die Benutzeroberfläche sind Verallgemeinerungen. Die Datenbank hingegen enthält spezifische Informationen, z.B. über Straßen. Diese werden ebenfalls durch Verallgemeinerungen dargestellt: Jede Straße gehört zu einer Straßenkategorie, die die Größe der Straße angibt. Auch die Programmierung selbst basiert auf der Verwendung von Verallgemeinerungen, wie z.B. Unterprogrammen und Softwarebibliotheken.

Künstliche Intelligenz ist die Automatisierung komplexer Verallgemeinerungen, weshalb ein großer Teil der KI-Forschung Informatik ist. Das Gleiche gilt für Data Science: Automatisierte Methoden zur Analyse von Daten sind Teil der Informatik. Ein gemeinsames Ziel von künstlicher Intelligenz, Data Science und Informatik ist die automatische Generierung neuer Verallgemeinerungen aus gegebenen Daten, also das maschinelle Lernen. Dabei erzeugt eine Art der Verallgemeinerung – ein Algorithmus des maschinellen Lernens – eine andere Art der Verallgemeinerung – ein Modell aus den Eingabedaten.

Siehe auch:

Frage 11. Worauf basiert KI?
Frage 31. Was ist maschinelles Lernen?
Frage 43. Soll ich programmieren lernen?

Welche Werte haben KI-Forscher?

Antwort: Idealistisch in der Theorie, technologieorientiert in der Praxis.

KI-Forscher sehen sich gerne als Verteidiger einer Gesellschaft, die als gerecht gilt. So ist beispielsweise diskriminierungsfreies und die Privatsphäre wahrendes maschinelles Lernen für viele Forschende ein wichtiges Ziel. Das Verhalten von Forschenden entspricht jedoch nicht immer ihren eigenen Idealen.

Die Werte, die von Machine-Learning-Forschern in wissenschaftlichen Publikationen geäußert werden, beziehen sich in der Regel nur auf die technischen Eigenschaften der Methoden – nicht auf ihre Auswirkungen auf Mensch oder Gesellschaft. Vorhersagegenauigkeit, breite Anwendbarkeit, Verbindungen zu früheren Forschungen, Effizienz und Neuheit werden hervorgehoben.

Die Vorhersagegenauigkeit des maschinellen Lernens dominiert die Werte so stark, dass ihre Verbesserung als gleichbedeutend mit der Entwicklung des maschinellen Lernens gilt. Vorhersagegenauigkeit ist nicht nur eine enge Metrik, sondern auch eine verzerrte Metrik: Sie impliziert auch – ohne weitere Vorkehrungen – Genauigkeit bei der Reproduktion von Verzerrungen in den Trainingsdaten.

Was sind nun die Ziele der Studien? In Veröffentlichungen zum Thema maschinelles Lernen wird die Forschung in der Regel durch die Bedürfnisse der Forschung im Bereich des maschinellen Lernens selbst begründet, wie z. B. ein besseres Verständnis einer bestimmten neuronalen Netzarchitektur, und nicht durch die Bedürfnisse der Gesellschaft. In der Grundlagenforschung sollte Wissenschaft um des Wissens willen betrieben werden können (Anwendungen entstehen oft erst Jahrzehnte oder sogar Jahrhunderte später!), die angewandte Forschung hingegen sollte ihre Auswirkungen im Blick haben.

Wie sieht es mit den möglichen Nachteilen der Forschung aus? Sie werden fast nie erwähnt, auch dann nicht, wenn die entwickelten Methoden ein offensichtliches Missbrauchspotenzial haben. Zum Beispiel erleichtert die automatische Identifizierung von Personen anhand von Bildern die Überwachung von Personen und verletzt die Privatsphäre, aber Forscher neigen dazu, bösartige oder gefährliche Anwendungen nicht zu erwähnen.

Nach all dem Pessimismus: KI-Forscher achten immer mehr auf Werte. Verantwortungsvolle KI-Konferenzen und -Zeitschriften setzen oft eine ethische Einschätzung ihrer Publikationen voraus. Für KI werden neue Konferenzen mit Werten eingerichtet, die wichtiger sind als bloße Vorhersagegenauigkeit. KI-Ethik ist nun auch in der KI-Ausbildung angekommen.

Siehe auch:

Frage 22. Kann KI zur Entwicklung von Medikamenten eingesetzt werden?
Frage 61. Was denken die Menschen über KI?
Frage 65. Ist KI unvoreingenommen?

Was ist künstliche Intelligenz?

Antwort: Eine große Anzahl verschiedener Computerprogramme.

Künstliche Intelligenz wird durch Programmierung umgesetzt. Selbst wenn es sich um ein Gerät wie einen Roboter oder einen Bordcomputer mit Sensoren handelt, ohne Computerprogramm gibt es keine künstliche Intelligenz. Das Gleiche gilt in die andere Richtung: Ein KI-Programm kann zum Beispiel Logik oder Statistik anwenden, aber ohne Computerprogramm ist keines von beiden eine KI für sich.

Es gibt nicht die eine Formel für Intelligenz oder künstliche Intelligenz. Daher werden separate Programme für unterschiedliche Anforderungen entwickelt. Ein Programm erkennt Tumore anhand von Computertomographie-Bildern, ein anderes Programm generiert Blogbeiträge und ein drittes Programm plant die Routen der Autos des Transportunternehmens.

Künstliche Intelligenz ist eine riesige und fragmentierte Sammlung von Programmen. Über KI so zu schreiben, als gäbe es *eine* generische KI, die Tumore identifiziert, Texte produziert und Fahrrouten plant, ist irreführend: Es gibt keine einzelne KI, die all das kann. Es gibt nur eine große Anzahl von separaten Programmen, die jeweils etwas anderes können.

© Der/die Autor(en), exklusiv lizenziert an
Springer Fachmedien Wiesbaden GmbH, ein Teil von Springer Nature 2025
H. Toivonen und S. Kramer, *Was ist künstliche Intelligenz?*,
https://doi.org/10.1007/978-3-658-49787-3_40

Siehe auch:

Frage 11. Worauf basiert KI?
Frage 32. Ist KI dasselbe wie maschinelles Lernen oder neuronale Netze?
Frage 59. Kann man im Plural von künstlicher Intelligenz sprechen?

Wie generiert KI Texte?

Antwort: Durch das Anordnen von Kühlschrankmagneten.

Computerprogramme, wie Sprachmodelle, produzieren Text, indem sie Wörter oder Teile davon anordnen. Die Operationen basieren auf verschiedenen Gesetzmäßigkeiten, die von Menschen bereitgestellt oder dem Programm durch maschinelles Lernen beigebracht werden können.

Die Regeln, die das Programm verwendet, beziehen sich auf Zeichen, nicht auf die Bedeutung von Ausdrücken. Wenn Regeln von Menschen vorgegeben werden, können sie auf der Bedeutung von Wörtern beruhen – Bedeutungen, die Wörter für den Ersteller des Programms haben, nicht für das Programm. Das erlernte Programm verarbeitet weder die Bedeutung der Wörter noch der aus den Wörtern gebildeten Sätze.

Die Situation mit einem Computerprogramm stellt sich in etwa wie folgt dar: Stelle dir vor, du erhältst einen Stapel Kühlschrankmagnete auf Chinesisch und eine detaillierte Anleitung auf Deutsch, wie man sie anordnet. Die Anleitung bezieht sich auf chinesische Schriftzeichen nur als Bilder, und es ist kein Wörterbuch verfügbar. Sie könnten in etwa so aussehen: „Wenn der letzte Magnet so aussieht, wenn der vorhergehende Magnet einer von diesen ist, und wenn dieser Magnet irgendwo davor aufgetaucht war, dann verwende als nächstes einige dieser vier Magnete." Wenn die Anweisungen gut genug sind und du beharrlich genug bist, kannst du vielleicht chinesische Sätze produzieren. Verstehst du den Text, den du produzierst? Eher nicht! Ein Computerprogramm tut das auch nicht.

Die aktuellen textproduzierenden Programme lassen sich in zwei Lager einteilen: handprogrammierte Programme, die aus vorgegebenen Daten kurze, standardisierte Textsorten, wie z.B. Sport- oder Finanznachrichten, generieren, und Sprachmodelle, die mit maschinellem Lernen erstellt werden und flexibel Texte zu jedem Thema erraten.

Siehe auch:

Frage 44. Wie versteht KI gesprochene Sprache?
Frage 56. Wie wird sich das Lehren und Lernen verändern, wenn KI Prüfungsfragen beantworten kann?
Frage 74. Warum ist Sprache für KI schwierig?

Was sind Sprachmodelle?

Antwort: Schlaue Papageien.

Sprachmodelle, wie z. B. ChatGPT, sind zu vielen Aufgaben fähig, beispielsweise zum Beantworten von Fragen, zum Übersetzen von Sprache, zum Verdichten von Texten sowie zum Schreiben von E-Mails und Programmcode – klar ist aber, dass die Qualität der Ergebnisse stark variiert. Sie können beeindruckend sein, aber ebenso grobe sachliche Fehler aufweisen. Das liegt daran, dass das Sprachmodell die Bedeutungen von Wörtern nicht verarbeitet oder „versteht".

Im Kern basiert ein Sprachmodell auf einem einzigen Mechanismus: der Fähigkeit, einen gegebenen Text Wort für Wort fortzusetzen. Ein Sprachmodell wird aus großen Textdaten gebildet, indem die statistischen Verbindungen zwischen Wörtern und Zeichen darin analysiert werden, sodass das Sprachmodell abschätzen kann, wie ein beliebig gegebener Text weitergehen würde, wenn er in den Trainingsdaten enthalten gewesen wäre.

Im Prinzip plappert ein Sprachmodell seine Trainingsdaten nach. Das Sprachmodell übertrifft den Papagei jedoch in der Flexibilität: Während der Papagei ein paar gelernte Sätze wiederholt, produziert das Sprachmodell Text, der statistische Gesetzmäßigkeiten wiederholt.

Aktuelle Sprachmodelle wurden darauf abgestimmt, Text zu erzeugen, der wie ein Gesprächsbeitrag wirkt, der Aufgaben der Nutzerin oder des Nutzers aufgreift und dabei informativ und höflich erscheint. Sprachmodelle sind außerdem mit externen Werkzeugen verbunden, z. B. um Informationen im Web abzurufen oder Berechnungen durchzuführen. Deshalb wirken sie deutlich schlauer als Papageien.

Siehe auch:

Frage 31. Was ist maschinelles Lernen?
Frage 41. Wie generiert KI Texte?
Frage 78. Gibt es bewusste KI?

Soll ich programmieren lernen?

Antwort: Keine schlechte Idee.

Nicht jeder kann ein KI-Programmierer werden, aber das Verständnis der Grundlagen der Programmierung hilft zu verstehen, wie Computerprogramme funktionieren. Da viele Bausteine der KI vorgefertigt sind, ist es bereits möglich, durch grundlegende Programmierkenntnisse mit dem Aufbau von KI-Anwendungen und den Auswirkungen verschiedener Entscheidungen auf das Endergebnis zu experimentieren. Beim Experimentieren lernst du, die Prinzipien, Grenzen und Möglichkeiten von Computerprogrammen zu verstehen.

Die Entwicklung und Anwendung von KI braucht vielfältige und vielseitig qualifizierte Menschen. Es geht um viel mehr als nur um Programmierung. Wie wählt man sinnvolle Anwendungen für künstliche Intelligenz aus, wie schätzt man ihre Auswirkungen auf Menschen und Gemeinschaften ab, wie kann man KI-Programme so gestalten, dass sie den Wünschen und Bedürfnissen der Menschen entsprechen? Wie plant und realisiert man eine Zukunft mit künstlicher Intelligenz, die sowohl für den Menschen als auch für die Umwelt gut ist?

Diese Fragen kann man nicht allein Programmierern überlassen oder gar ignorieren. Für die Entwicklung und Anwendung von KI werden Menschen aus allen möglichen Richtungen benötigt!

Siehe auch:

Frage 38. Was ist Informatik?
Frage 86. Was bedeutet KI-Transparenz?
Frage 96. Wird KI den Menschen die Arbeitsplätze wegnehmen?

Wie versteht KI gesprochene Sprache?

Antwort: Sie versteht sie nicht.

Ein Computerprogramm versteht die Dinge nicht im selben Sinne wie der Mensch. In der KI bedeutet „natürliches Sprachverstehen" einfach, dass ein Computerprogramm auf Text reagiert, der ihm gegeben oder gesprochen wird.

Das „Verstehen" der gesprochenen Sprache beinhaltet in der Regel die Spracherkennung, also die Umwandlung von gehörter Sprache in eine geschriebene Form, aus der dann der vom Sprecher beabsichtigte Befehl erkannt wird, zum Beispiel mithilfe eines Sprachmodells.

Ein KI-Assistent, der auf Sprache auf einem Mobiltelefon reagiert, arbeitet beispielsweise in zwei Modi. Der erste ist der Standby-Modus, in dem er nur den Impuls der Äußerung des Benutzers erkennt, z. B. „Hallo". Wenn das Programm es hört, wechselt es in den Befehlsmodus, in dem es versucht, den vom Benutzer gegebenen Befehl zu interpretieren. Die Antwort auf den Reiz „Hallo!" ist ein mechanischer, vorprogrammierter Übergang vom Standby- in den Kommandomodus. In ähnlicher Weise versucht ein Programm im Befehlsmodus zu erkennen, ob ein von einem Benutzer gegebener Befehl etwas ist, mit dem es vertraut ist – und wenn dies der Fall ist, reagiert es mit dem Ausführen einer Aktion.

Was ist mit einem scheinbar frei sprechenden KI-Programm? Wenn es für einen Zweck gemacht wurde, wie z.B. den Kundendienst, versucht es zunächst, vordefinierte Situationen zu identifizieren und entsprechend zu handeln. Andernfalls generiert das Programm eine Zeile, die für die vorangegangene Konversation geeignet erscheint, zum Beispiel mithilfe eines Sprachmodells.

Siehe auch:

Frage 41. Wie generiert KI Texte?
Frage 42. Was sind Sprachmodelle?
Frage 74. Warum ist Sprache für KI schwierig?

Kann sich KI selbst entwickeln?

Antwort: Ja, aber nicht unbegrenzt.

Die Idee eines sich selbst entwickelnden Computerprogramms ist spannend. Zuerst könnte es sich selbst ein wenig besser machen, dann würde sich eine verbesserte Version wieder ein wenig besser machen, und so weiter. Könnte es eine sich beschleunigende Spirale geben, in der das Programm seine eigene Intelligenz immer schneller entwickelt? Können seine Intelligenz und seine Entwicklungsgeschwindigkeit über die Grenzen des menschlichen Verstandes hinausgehen?

Maschinelle Intelligenz, die die menschliche Intelligenz in jeder Hinsicht übersteigt, nennt man *Superintelligenz*. Künstliche Intelligenz jenseits menschlicher Kontrolle nennt man *Singularität*. Es ist unklar, ob beides möglich ist.

Das Problem liegt nicht in der Selbstentwicklung: Viele aktuelle Computerprogramme passen sich an ihre Umgebung an und passen ihr Verhalten auf der Grundlage des gesammelten Materials an. Es handelt sich jedoch um eine Feinabstimmung der Operationen, nicht um eine grundsätzliche Änderung der Funktionsweise.

Das Problem liegt im häufig doch recht beschränkten Anwendungsbereich von KI-Programmen. Spracherkennungssoftware mag sich weiterentwickeln, um Sprache besser zu erkennen, aber sie wird nicht lernen, Bilder zu erkennen, geschweige denn klimatische Bedingungen zu modellieren. Die Programme sind eng gefasst, denn ohne eine allgemeine „Intelligenzformel" ist es das Beste, was man derzeit erreichen kann. Sprachmodelle sind zwar vielseitig, doch ihre Grenzen liegen in dem, was ihnen im Training beigebracht wurde.

Die Entwicklungsgeschwindigkeit eines Programms, das seine Leistung verbessert, beschleunigt sich nicht, sondern verlangsamt sich, wenn es sich seinen eigenen Grenzen nähert. Wenn ein Programm Sprache nur mit einer Genauigkeit von 50 Prozent erkennt, gibt es viel Raum für Verbesserungen, aber wenn das Programm 95 Prozent erreicht hat, bleibt nur noch das am schwierigsten zu erkennende Gemurmel.

Siehe auch:

Frage 53. Kann KI die ganze Welt erobern?
Frage 55. Was ist Emergenz?
Frage 71. Kann ein Computerprogramm schlauer sein als seine Programmierer?

Frage 46

Wird KI alles lernen, worüber man Daten sammeln kann – auch meinen Job?

Antwort: Nein, wird sie nicht.

Nicht alles kann man lernen, egal wie viele Daten es gibt. Die Welt ist komplex, und Daten sagen nicht unbedingt alles, was wichtig ist. Man kann aus allem, worüber es Daten gibt, etwas lernen, aber nicht alles.

Wenn du deine Arbeit vollständig am Computer erledigst, ist es möglich, alles aufzuzeichnen, was zu einem bestimmten Zeitpunkt auf dem Bildschirm war, sowie alle Tastenanschläge, Mausbewegungen und Klicks. Wenn Daten über Jahre und aus dem gesamten Beruf gesammelt würden: Könnte ein Algorithmus des maschinellen Lernens lernen, deine Arbeit zu erledigen, also die richtigen Tasten in der richtigen Reihenfolge zu drücken?

Computerprogramme haben gelernt, Videospiele zu spielen, indem sie einfach dem Bildschirm folgen und damit experimentieren, wie Gamepads das Computerspielen beeinflussen. Die Aufgaben der Menschen sind komplexer. Aber gibt es einen grundlegenden Grund, warum diese nicht erlernt werden können?

Den gibt es. Viele Jobs erfordern menschliche Erfahrung, Vision und Urteilsvermögen. Professionalität umfasst viel mehr als nur Tastenanschläge.

Als Gedankenspiel: Könnte eine Maschine lernen, von sich aus zumindest alle Arbeits-E-Mails für dich zu schreiben? Eingehende Nachrichten lesen und beantworten? Bereits jetzt existieren Systeme, die eine solche Funktionalität anbieten. Leider (oder zum Glück!) lassen sich nicht alle Nachrichten automatisch beantworten. Solange Maschinen nicht über das dafür notwendige Alltags- und Expertenwissen verfügen, werden sie nicht in der Lage sein, diese Aufgabe im vollen Umfang zu erledigen. Eine Aufgabe kann nicht erlernt werden, wenn sie von einer Maschine grundsätzlich nicht gelöst werden kann oder wenn dafür der Maschine die notwendigen Informationen fehlen.

Es gibt zwei tiefere Probleme. Zunächst einmal beschreiben die Daten, die zu einem Phänomen gesammelt werden, nur Beobachtungen, nicht die Gründe oder Ursachen für das Phänomen. Zweitens sind viele Phänomene unvorhersehbar. Wenn das Wetter schwer vorherzusagen ist, obwohl es ein bekanntes physikalisches Phänomen ist, wie viel unvorhersehbarer ist dann das menschliche Verhalten?

Siehe auch:

Frage 18. Wenn die KI alle Informationen erhalten würde, würde sie dann alles wissen?
Frage 28. Welche Berufe werden nicht von KI betroffen sein?
Frage 64. Wäre KI ein besserer Entscheidungsträger als der Mensch?

Worauf zielt KI ab?

Antwort: Nichts.

Ein Computerprogramm hat keine eigenen Ziele. Es misst nicht die Schlafqualität eines Benutzers, modelliert nicht die Funktion eines Proteins oder steuert nicht ein Schiff, weil es sich dazu entschieden hat, sondern weil Menschen das entschieden haben. Menschen entwerfen, entwickeln und testen die Programme, Menschen entscheiden, für welche Aufgaben KI eingesetzt wird und wie.

In der Regel „weiß" ein Computerprogramm nicht einmal, was sein Ziel ist. Zum Beispiel klassifiziert eine Schlaf-App die Messsignale, die sie empfängt, einfach in eine von vier Kategorien A, B, C und D. Die Entwickler des Programms haben den Klassifikator so strukturiert, dass A dem Tiefschlaf, B dem Leichtschlaf, C dem REM-Schlaf und D dem Wachzustand entspricht. Das Klassifikationsprogramm weiß nichts über die Bedeutung der Signale oder Klassen.

Könnte man meinen, dass das Ziel des Programms darin besteht, Signale zu klassifizieren? Auch das ist weit hergeholt. Die Kategorisierung ist das Ziel der KI-Entwickler, unabhängig davon, ob der Klassifikator mithilfe von maschinellem Lernen oder Regeln von Experten erstellt wird. Das Machine-Learning-Programm selbst hat keine unabhängigen Bemühungen, die Klassifizierung zu erlernen. Die Entwickler des Programms führen einen Machine-Learning-Algorithmus ihrer Wahl aus, der ein Klassifikationsmodell erstellt. Das Ziel liegt sozusagen im Auge des Betrachters.

Ein textproduzierendes Sprachmodell mag die Illusion erwecken, mit dem Text ein selbst definiertes Ziel zu verfolgen. In Wirklichkeit stellt es Wörter in den Text, je nachdem, was zu diesem Zeitpunkt statistisch wahrscheinlich erscheint. Die Leser schaffen erst den Sinn des generierten Texts.

Siehe auch:

Frage 6. Wem gehört KI?
Frage 42. Was sind Sprachmodelle?
Frage 58. Wann schließt KI ein Hochschulstudium ab?

Wie trifft KI Entscheidungen?

Antwort: Sie trifft eigentlich keine Entscheidungen, oder zumindest sollte sie das nicht.

Entscheiden ist die bewusste Wahl zwischen Optionen. Ein Computerprogramm ist selten so autonom, dass es eine echte Wahl treffen kann. Stattdessen folgt es dem Algorithmus, der ihm vorgegeben wird, ahmt die ihm gezeigten Beispiele nach oder passt sich dem Feedback an, das es erhält. Die eigentlichen Entscheidungen werden von den Entwicklern des Programms getroffen.

Wenn wir von automatisierter Entscheidungsfindung sprechen, meinen wir in der Regel die Verwendung eines Computerprogramms, um die von den Entwicklern gewünschten Entscheidungen umzusetzen, und nicht das Delegieren der Entscheidungsbefugnis an das Programm.

Zum Beispiel verwendet die finnische Steuerbehörde künstliche Intelligenz, um Steuern zu berechnen. Das Computerprogramm entscheidet jedoch nicht über Steuern, sondern setzt nur steuerliche Vorschriften um. Ein Programm, das den Einkommensteuersatz senkt, kann keine echte Entscheidung treffen, weil es keine Wahlfreiheit hat – das Ergebnis wird durch Vorschriften bestimmt. (Rechtlich gesehen wird eine Entscheidung getroffen, damit die Steuer eingezogen werden kann und Steuerpflichtige gegebenenfalls einen Antrag auf Berichtigung stellen können, aber das ist eine andere Sache.)

Wenn ein Social-Media-Programm das Teilen eines Bildes als potenziell pornografisch blockiert, hat es keine präzisen Richtlinien zur Verfügung, die mit denen der Besteuerung vergleichbar sind. Stattdessen wurde es dem Programm beigebracht, indem Beispielbilder und die dafür gewünschten Entscheidungen gezeigt wurden. Auch hier liegt die eigentliche Entscheidung bei den Entwicklern des Programms, die Beispielbilder und Entscheidungen ausgewählt haben. Wenn ein Programm einen Fehler mit einem Bild macht, ist das keine bewusste Entscheidung des Programms, sondern einfach ein Fehler.

Die moralische Verantwortung für die Entscheidungen, die ein Computerprogramm trifft, ob richtig oder falsch, liegt bei den Entwicklern des Programms.

Siehe auch:

Frage 7. Kann KI Vorhersagen treffen?
Frage 49. Wie viel Macht hat KI?
Frage 84. Wie unterscheidet KI zwischen richtig und falsch?

Wie viel Macht hat KI?

Antwort: Keine.

KI hat keine Macht. In der Welt der KI liegt die Macht bei denen, die KI-basierte Programme und das Wissen, mit dem das Programm trainiert wird, kontrollieren.

Social-Media-Computerprogramme wählen aus, welche Inhalte uns angezeigt werden, aber sie haben keine wirkliche Macht. Sie sind ein Instrument, das Social-Media-Unternehmen nutzen, um ihre eigenen Ziele zu erreichen.

Programme manipulieren uns nicht selbständig dazu, in irgendeiner Weise zu denken oder zu handeln. Jemand benutzt sie, um Benutzer zu manipulieren.

KI-Technologien selbst prägen nicht unser Weltbild. Die Welt wird von Menschen und von Menschen entworfenen Computerprogrammen gestaltet. Menschen entscheiden, für welche Aufgaben, mit welchen Zielen und unter welchen Annahmen KI eingesetzt wird.

Sich hinter KI zu verstecken, ist Feigheit. Wenn ein Programm unangenehme Nebenwirkungen verursacht, ist das nicht die Schuld des Programms, sondern ihrer Entwickler: Die Entwickler haben die falsche Technologie gewählt, sie missbraucht, falsche Annahmen getroffen, nachlässig getestet oder die Berücksichtigung einer Nebenwirkung ignoriert – oder vielleicht gar erst die falsche Aufgabe für die KI ausgesucht.

Siehe auch:

Frage 6. Wem gehört KI?
Frage 65. Ist KI unvoreingenommen?
Frage 82. Ist KI eine Bedrohung für die Privatsphäre?

Was ist künstliche Intelligenz?

Antwort: Es gibt keine, weil es keine intelligenten Maschinen gibt.

Computerprogramme führen mehr oder weniger mechanisch die Aufgaben aus, für die sie programmiert oder trainiert wurden. Sie können sehr gut für Aufgaben sein, für die sie geschaffen wurden, aber intelligent im gewöhnlichen Sinne des Wortes sind sie nicht und werden es möglicherweise auch nie sein.

Die Konzepte eines Computerprogramms werden durcheinandergebracht und sind nicht mehr anwendbar, wenn sich die Aufgabe auch nur geringfügig ändert. Die Gesichtserkennungssoftware erkennt die Gesichter von Tieren nicht, der Navigator kann typischerweise nicht aufgefordert werden, nach einer Route mit Aussicht auf das Meer zu suchen, und ein Sprachmodell, das nur auf Textfortsetzung trainiert ist, kann keinen Text generieren, der dem angegebenen Text vorangestellt ist. Wenn ein Programm nicht in der Lage ist, sich auch nur an eine einfache Änderung anzupassen, kann es nicht als intelligent bezeichnet werden, oder?

Computerprogramme sehen nicht über ihre eigene Funktion hinaus. Sie haben keine Ahnung, warum die Aufgabe überhaupt ausgeführt wird, und können daher nicht zwischen dem Relevanten und dem Irrelevanten unterscheiden. Dies wiederum ist unter anderem auf den Mangel an gesundem Menschenverstand und sozialer Intelligenz zurückzuführen, die für intelligentes Handeln, wie wir es oft Menschen zuschreiben, notwendig sind.

Warum sollte man eigentlich versuchen, intelligente Computerprogramme zu entwickeln, vor allem menschenähnliche, wenn es so schwierig ist? Sollten nicht vielmehr Programme für Aufgaben entwickelt werden, die in der Lage sind, ihre Stärken zu nutzen und die Fähigkeiten und Fertigkeiten der Menschen zu ergänzen?

Siehte auch:

Frage 25. Hat die KI Fehler gemacht?
Frage 61. Was denken die Menschen über KI?
Frage 75. Was ist künstliche allgemeine Intelligenz?

Sollte ich weinen oder lachen?

Antwort: Ja, das solltest du.

Lass die Emotionen kommen, es tut dir gut! Morgen gibt es ein weiteres KI-Programm und neue Gründe zum Weinen und Lachen.

Siehe auch:

Frage 15. Warum bekomme ich Online-Werbung für eine Kaffeemaschine, die ich gerade gekauft habe?
Frage 22. Kann KI zur Entwicklung von Medikamenten eingesetzt werden?
Frage 97. Kann ich ohne KI leben?

Wird KI eine neue industrielle Revolution auslösen?

Antwort: Vielleicht.

Während frühere industrielle Revolutionen physische Routinearbeit und Datenverarbeitung automatisierten, automatisiert KI das „Routinedenken". Es bleibt abzuwarten, ob dies zu etwas führen wird, was später als industrielle Revolution bezeichnet wird.

Die ersten industriellen Revolutionen von 1700 bis Anfang 1900 basierten auf der Fertigung physischer Güter und Methoden der Energieerzeugung. Zu den Schlüsselfaktoren gehörten Dampfkraft und Elektrizität, die Serienproduktion und die Eisenbahn. Bedeutend war die *Mechanisierung der Produktion, der Verarbeitung und des Transfers von Gütern und von Energie*.

Die digitale Revolution seit den 1970er Jahren hat *die Generierung, die Verarbeitung und den Transfer von Daten mithilfe von integrierten Schaltkreisen, Computern und Computernetzwerken* automatisiert.

In ähnlicher Weise könnte die KI-Revolution *die Generierung, die Verarbeitung und den Transfer von Gedanken und Ideen* automatisieren. Maschinelles Lernen erzeugt beispielsweise Verallgemeinerungen aus Daten und darauf aufbauend neue Beispiele. Maschinell erlernte Sprachmodelle verarbeiten und modifizieren flexibel unterschiedliche Ideen. Etwas einmal Gelerntes auf ein anderes Programm oder Gerät zu übertragen, ist sehr schnell und kostengünstig, anders als zwischen Menschen.

Die Revolution erfordert nicht, dass KI den Menschen bei allen Aufgaben ersetzt, die kognitive Fähigkeiten erfordern. Es reicht aus, eine beträchtliche Anzahl von Routineaufgaben zu automatisieren – und so völlig neue Möglichkeiten zu eröffnen, die wir uns vielleicht noch gar nicht vorstellen können.

Siehe auch:

Frage 31. Was ist maschinelles Lernen?
Frage 38. Was ist Informatik?
Frage 77. Kann KI kreativ sein?

Kann KI die ganze Welt erobern?

Antwort: Nein, das kann sie nicht.

Um die Welt zu erobern, müssten sowohl der Wille als auch die Mittel vorhanden sein, die Welt zu erobern. KI-Programmen fehlt beides. Und obwohl KI überall ist, befindet sie sich in kleinen Fragmenten in separaten Programmen – es gibt keine allgemeingültige KI. Die Bedrohung, dass künstliche Intelligenz Menschen versklavt, ist zumindest noch in der Science-Fiction möglich.

Es gibt reale Bedrohungen, die mit künstlicher Intelligenz verbunden sind, aber die meisten von ihnen sind banal: Computerprogramme, die faul mit maschinellem Lernen erstellt wurden und deren Qualität nicht garantiert ist, Entscheidungen, die an Computer ausgelagert werden, die falsch sind, Verlust der Privatsphäre und die ständige automatisierte Einflussnahme, wachsende Ungleichheit, Macht, die in den Händen von Technologie-Giganten gelandet ist, und Betrügereien und Verbrechen, die mithilfe künstlicher Intelligenz begangen werden.

Die Risiken von KI hängen aktuell nicht damit zusammen, was Computerprogramme selbst tun – sie sind derzeit keine eigenständigen Akteure –, sondern damit, dass sie schlecht entwickelt wurden oder für falsche Zwecke eingesetzt werden.

Siehe auch:

Frage 47. Worauf zielt KI ab?
Frage 67. Was ist KI-Transparenz?
Frage 78. Gibt es bewusste KI?

Kann maschinelles Lernen alles lösen?

Antwort: Nein, das kann es nicht.

Maschinelles Lernen ist ein großartiges Werkzeug für einige Probleme. Für einige andere ist es lausig.

Vieles kann man nicht allein aus der Beobachtung lernen: Auto zu fahren, Patienten zu behandeln, zu wissen, was ein Mensch denkt.

Verwirrend ist, dass man aus vielen Dingen etwas lernen kann. Maschinelles Lernen kann verwendet werden, um einen Teil einer Aufgabe zu lernen, z. B. die Auswirkungen der Lenkradbewegung auf den Kurs des Autos oder die Identifizierung der Art des Brustkrebses. Manchmal kann maschinelles Lernen verwendet werden, um eine grobe Vereinfachung zu lernen, wie z. B. den Zusammenhang zwischen Energiepreisen und Stimmungsschwankungen oder die Anfälligkeit einer Person für eine bestimmte Art von Werbung.

Der Einsatz von maschinellem Lernen kann daher zu einem Problem führen, das schwer zu erkennen ist: der Verengung der Perspektive. Wenn maschinelles Lernen eingesetzt wird, um Programme zu erstellen, die komplexe Phänomene auf messbare Vereinfachungen reduzieren, kann schnell in Vergessenheit geraten, dass es sich um eine Vereinfachung handelt. Patienten, die eine falsche Krebsdiagnose erhalten, sehen dann wie Ausnahmen aus – als läge die Schuld bei den Patienten und nicht beim Programm.

In der Praxis wird maschinelles Lernen immer von einem technischen Problem geplagt: fehlenden Trainingsdaten. Die ganze Idee des maschinellen Lernens besteht darin, in Situationen arbeiten zu können, die nicht in den Trainingsdaten enthalten sind. Würden die Trainingsdaten alle möglichen Fälle umfassen, bräuchte es kein maschinelles Lernen (mit anderen Worten: keine Verallgemeinerung). Anders ausgedrückt: Maschinelles Lernen wird für unvollständig verstandene Probleme eingesetzt und ist daher von Natur aus unvollständig.

Und das ist noch nicht alles. Oft sind die Trainingsdaten unvollständig, falsch und auf eine Weise voreingenommen, an die die Entwickler des Programms nicht gedacht hatten. Dadurch können unerwartete Fehler auftreten.

Siehe auch:

Frage 19. Welche Aufgabe kann der Mensch erledigen, die ein KI-Programm niemals schaffen wird?
Frage 36. Wie wird die Genauigkeit des maschinellen Lernens bewertet?
Frage 46. Wird KI alles lernen, worüber man Daten sammeln kann – auch meinen Job?

Was ist Emergenz?

Antwort: Emergenz ist, wenn Ameisen Straßen formen und Staaten bilden.

Emergenz ist das Phänomen, wenn ein System, das aus vielen Einzelteilen mit einfachem Verhalten besteht, wie z. B. ein künstliches neuronales Netz, komplexes Verhalten an den Tag legt, das nicht mehr einfach und direkt aus den Einzelteilen erklärbar erscheint.

Ein klassisches Beispiel für Emergenz ist der Ameisenstaat. Beobachtet man einzelne Ameisen für sich genommen, ist deren Verhalten relativ einfach. Im Zusammenspiel von Hunderten bis Millionen von Ameisen kommt komplexes Verhalten zum Vorschein. Beispiele sind das Formen von Ameisenstraßen oder -staaten.

Künstliche neuronale Netze sind große, komplexe mathematische Modelle, bestehend aus sehr vielen einfachen Einzelteilen, sogenannten Neuronen. Millionen oder Milliarden von Neuronen, auf komplexe Weise „verdrahtet", führen zu emergentem Verhalten, wie dem scheinbaren „Verstehen" von Sprache, rudimentärem, aber nicht vollständig korrektem Schlussfolgern und vielem mehr. Heutige Modelle der generativen KI fallen genau in diese Kategorie.

Als Konsumenten von KI-Diensten können wir nicht mehr unterscheiden, welche Effekte eines Chatbots oder eines generativen Modells durch emergentes Verhalten zustande kommen und welche durch ingenieurtechnische Lösungen. Da diese Dienste proprietär sind, ist eine Unterscheidung nicht mehr möglich.

In der Gemeinschaft von KI-Forschenden wird vielfach nach einfachen Prinzipien gesucht, die, wenn sie im großen Maßstab zusammenwirken, Intelligenz als emergentes Verhalten erzeugen. Ob es eine solche

"Intelligenzformel" überhaupt geben kann, ist zum gegenwärtigen Zeitpunkt unklar. (Wie überhaupt die Existenz von etwas unklar sein muss, wenn es noch nicht gefunden wurde.) Bis dahin bleibt Intelligenz – und auch künstliche Intelligenz – eine "box of tricks". In den KI-Produkten wirken Emergenz und ingenieurmäßig erstellte Lösungen auf eine Weise zusammen, um das derzeit beobachtete Verhalten hervorzurufen.

Siehe auch:

Frage 35. Was sind neuronale Netze?
Frage 45. Kann sich KI selbst entwickeln?
Frage 57. Wie weiß generative KI, was sie generieren soll?

Wie wird sich das Lehren und Lernen verändern, wenn KI Prüfungsfragen beantworten kann?

Antwort: Nichts ändert sich und alles ändert sich.

Die Grundlagen des Unterrichts oder der Prüfungen ändern sich nicht. Beide basieren auf Lernzielen: was die Schüler lernen sollten. Die Lehre wird so geplant, dass sie die Zielerreichung unterstützt, ebenso wie die Prüfungsmethoden und die Bewertungskriterien.

Die Entwicklung bringt neue Zutaten in die Lernziele. Wenn es um künstliche Intelligenz geht, lohnt es sich zu fragen, welche neuen Fähigkeiten den Schülern vermittelt werden sollten und wie. Was ist die „KI-Kompetenz", die Studierende sowohl im Studium als auch im Berufsleben benötigen?

Wie KI in der Lehre und Kompetenzbewertung wahrgenommen wird, hängt von den Lernzielen ab. Die Angemessenheit und Entscheidung, den Einsatz von KI-Tools zu fördern, zu erlauben oder zu verbieten, variieren von Kurs zu Kurs und sogar innerhalb von Kursen.

Wenn eines der Ziele darin besteht, den Umgang mit dem Internet, Suchmaschinen und Sprachmodellen zur Unterstützung der eigenen Arbeit zu erlernen, ist es selbstverständlich, dass der Unterricht sowie die Bewertung des Lernens deren kritische Nutzung mit einbezieht. Wenn das Ziel darin besteht, die Grundlagen des Fachgebiets zu erlernen, sollten Unterricht und Bewertung keine Werkzeuge oder Materialien zulassen, mit denen Antworten erstellt werden können, ohne selbst etwas zu lernen.

Es sei daran erinnert, dass die Bewertung des Lernens in der Regel viel komplexer ist als nur die Bewertung einzelner Antworten. Die Entwicklung der künstlichen Intelligenz wird den Unterricht und die Bewertung hoffentlich mehr auf das Lernen der Studierenden als auf die Prüfungsleistung ausrichten.

Die Lernziele müssen für alle klar sein, ebenso wie die Regeln. Sowohl Schüler als auch Lehrer müssen wissen, was erwartet wird und was erlaubt oder verboten ist.

Siehe auch:

Frage 41. Wie generiert KI Texte?
Frage 58. Wann schließt KI ein Hochschulstudium ab?
Frage 68. Welche KI-Kompetenzen sollten Bürgerinnen und Bürger haben?

Wie weiß generative KI, was sie generieren soll?

Antwort: Es ist wie ein Hightech-Glückskeks, in dem neuer Inhalt aus alten Mustern gebacken wird.

Generative KI erstellt Bilder, Texte, Sprache, Videos, Code oder andere Inhalte basierend auf früheren Beispielen. Sie funktioniert durch maschinelles Lernen, wobei das Programm mit riesigen Trainingsdaten gefüttert wird, um Muster zu erkennen und daraus Generalisierungen abzuleiten.

Wenn das Programm eine Eingabe erhält, nutzt es diese Generalisierungen, um Inhalte zu erzeugen, die zur Eingabe passen. Ein Sprachmodell setzt zum Beispiel einen Satz fort, indem es die Wörter auswählt, die statistisch am besten in den Kontext passen, basierend auf den Beziehungen zwischen Wörtern. Ein Bildgenerator greift dagegen auf Assoziationen aus seinen Trainingsdaten zwischen Bildunterschriften und visuellen Elementen zurück, um ein Bild zu erzeugen, das zur Anfrage passt. Dabei folgt er auch Mustern zur Bildkomposition, um ein stimmiges Ergebnis zu schaffen.

Wenn man den Bildgenerator beispielsweise bittet, sich „ein finnisches Raumfahrtprogramm im Jahr 1973" vorzustellen, kombiniert das Programm visuelle Elemente, die es in seinen Trainingsdaten mit Finnland, Raumfahrtprogrammen und den 1970er Jahren verknüpft hat. Gleichzeitig sorgt es dafür, dass das Bild eine einheitliche Komposition hat. Es hat also nicht das Ziel, einzelne Bilder oder Elemente aus den Trainingsdaten zu kopieren, sondern generiert ein neues Bild – in diesem Fall eine Vorstellung von einem Raumfahrtprogramm.

Da eine generative KI auf Generalisierungen basiert, ohne die Anweisungen oder die erstellten Inhalte wirklich zu verstehen, kann sie manchmal irrelevante oder unsinnige Ergebnisse liefern. Ihr Hang, sich an Muster zu halten, führt oft zu vorhersehbaren und wenig originellen Inhalten. Deshalb ist generative KI besonders gut für die Automatisierung von Routineaufgaben geeignet – aber sie kann auch als kreatives Werkzeug dienen, indem sie die Erstellung komplexer Inhalte erleichtert.

Siehe auch:

Frage 33. Was sind Trainingsdaten?
Frage 69. Wurde dieses Buch von einer KI geschrieben?
Frage 77. Kann KI kreativ sein?

Wann schließt KI ein Hochschulstudium ab?

Antwort: Das wird eher nicht passieren.

Ziel eines Studiums ist nicht, einzelne Tricks zu lernen, wie Aufsätze zu schreiben und Klausuren zu bestehen. Ein Studiengang soll auf wissenschaftliches Denken und die Fähigkeit zur Anwendung von Wissen im Berufsleben vorbereiten.

Die Prüfung ist eine künstliche Situation, in der die Aufgaben streng abgegrenzt und klar definiert sind. Die Prüfung misst oft die Fähigkeit einer Person, Wissen durch die Dinge, die sie gelernt hat, anzuwenden oder zu produzieren. Das Produzieren und Anwenden von Wissen sind Fähigkeiten, die auch im Arbeitsleben benötigt werden. Die Prüfungsantwort eines Computerprogramms hingegen kann auf einer großen Menge an Informationen beruhen, die ihm gegeben werden, oder auf effizienten Berechnungen oder Schlussfolgerungen.

Na und? Warum genügt es nicht, dass eine Maschine Aufgaben erledigt, egal ob sie es auf die gleiche Weise oder anders als ein Mensch tut?

Es ist wichtig, wenn es darum geht, neue Probleme zu lösen. Wenn ein Programm nicht weiß, wie man Wissen generiert und anwendet, wird es nicht in der Lage sein, Aufgaben auszuführen, die sich grundlegend von den vorherigen unterscheiden. Eine der wichtigsten Fähigkeiten, die in der Expertenarbeit benötigt werden, ist es, die richtigen Fragen formulieren zu können, was oft viel schwieriger ist, als eine vorgegebene Frage zu beantworten.

Eine gute Abschlussarbeit, wie z.B. eine Masterarbeit, zeigt die eigene Vision und das Urteilsvermögen bei der Formulierung und Definition von Forschungsfragen, der Auswahl von Methoden und Begründungen, deren Anwendung und der kritischen Auseinandersetzung mit den Ergebnissen. Ein Computerprogramm kann eine Imitation einer guten Masterarbeit produzieren, aber eine Arbeit zu produzieren, die neue wissenschaftliche Gedanken beinhaltet, ist viel schwieriger.

Erinnern und Nachahmen sind hervorragende Fähigkeiten, wenn das Problem mithilfe von alten Beispielen gelöst werden soll. Computerprogramme, die auf Sprachmodellen oder maschinellem Lernen basieren, können darin stark sein. Das Produzieren von Informationen hingegen ist eine wesentliche Fähigkeit, wenn es darum geht, neue Probleme zu erkennen und zu lösen. Ein Hochschulabschluss zielt auf Letzteres ab.

Siehe auch:

Frage 19. Welche Aufgabe kann der Mensch erledigen, die ein KI-Programm niemals schaffen wird?
Frage 52. Wird KI eine neue industrielle Revolution auslösen?
Frage 64. Wäre KI ein besserer Entscheidungsträger als der Mensch?

Frage 59

Kann man im Plural von künstlichen Intelligenzen sprechen?

Antwort: Ja, aber es lohnt sich nicht.

Es gibt nur ein Phänomen, das sich „künstliche Intelligenz" nennt. Das Wort „KI" im Satz „KI hat sich sprunghaft weiterentwickelt" bezieht sich auf ein Feld, nicht auf ein bestimmtes Programm. Es handelt sich um die allgemeine Bedeutung des Wortes, das so nicht sinnhaft im Plural verwendet werden kann.

Manchmal wird der Ausdruck „künstliche Intelligenz" verwendet, wenn es um ein einzelnes Programm geht. „Eine KI prüft die Rechtschreibung" bezieht sich auf ein Programm, das KI verwendet. In diesem Sinne könnte man künstliche Intelligenz im Plural verwenden, „künstliche Intelligenzen", wie etwa: „Computerprogramme".

Vereinfacht das den Sprachgebrauch? Es hat keinen Sinn, über künstliche Intelligenzen zu sprechen. „Künstliche Intelligenz" ist ein vager Begriff und sagt uns nicht, worum es wirklich geht. „Künstliche Intelligenz" ist oft ein unbegründeter Hype. „Künstliche Intelligenz" weckt falsche Erwartungen.

Wie wäre es zum Vergleich mit der Schlagzeile „Fahrzeug blockierte Straße stundenlang"? Die Leser werden wahrscheinlich wissen wollen, ob es sich um einen Roller, ein Auto oder eine Straßenbahn handelt – wenn nicht sogar um ein Amphibienfahrzeug! Ebenso kann es besser sein, anstelle von vager „künstlicher Intelligenz" präzisere und besser beschreibende Begriffe wie „Rechtschreibprüfung" oder „Klassifizierungsmethode" zu verwenden, wenn es um Programme geht.

Leser von Zeitungsartikeln können den Ausdruck „künstliche Intelligenz" einfach durch das Wort „Computerprogramm" ersetzen. „KIs, die Illustrationen produzieren, machen Kunstkreise wütend" wird zu „Computerprogramme, die Illustrationen produzieren, machen Kunstkreise wütend". Und wenn dann die oft als autonom gesehene künstliche Intelligenz nur als Werkzeug beschrieben wird, kommt der Titel noch näher auf den Punkt: „Der Einsatz von Computerprogrammen zur Herstellung von Illustrationen erzürnt Kunstkreise."

Siehe auch:

Was ist künstliche Intelligenz?
Frage 10. Was ist künstliche Intelligenz?
Frage 20. Was ist künstliche Intelligenz?
Frage 30. Was ist künstliche Intelligenz?
Frage 40. Was ist künstliche Intelligenz?
Frage 50. Was ist künstliche Intelligenz?
Frage 60. Was ist künstliche Intelligenz?
Frage 70. Was ist künstliche Intelligenz?
Frage 80. Was ist künstliche Intelligenz?
Frage 90. Was ist künstliche Intelligenz?
Frage 100. Was ist künstliche Intelligenz?

Was ist künstliche Intelligenz?

Antwort: Ein Werbebegriff.

Im Marketing ist künstliche Intelligenz ein Merkmal, das ein Computerprogramm exzellent macht, ohne seine Exzellenz demonstrieren oder rechtfertigen zu müssen. Ein Programm, das künstliche Intelligenz nutzt, wird automatisch für besser gehalten.

Künstliche Intelligenz gibt ein Bild des Fortschritts ab: Das Programm ist fortgeschritten, seine Entwickler sind fortgeschritten und seine Käufer und Nutzer sind fortschrittlich.

Der Gebrauch des Begriffs „Künstliche Intelligenz" verschleiert die Funktionsprinzipien von Computerprogrammen. Das Marketing rechtfertigt selten, auf welcher Art von KI das Programm beruht und für welche Aufgabe sie eingesetzt wird – stattdessen kann das gesamte Programm mit einem Bezug zur KI gewürdigt werden. Wenn ein Programm KI ist, ist es bequem, nicht zu sagen – oder auch nur darüber nachzudenken –, wo die Grenzen des Betriebs und der Leistung des Programms liegen, welche Annahmen und Schwerpunkte es hat, wann es gut funktioniert und wie zuverlässig es ist.

Dank ihrer Unbestimmtheit ist künstliche Intelligenz auch ein hervorragender Sündenbock. Wenn sich ein Programm falsch oder unvorhersehbar verhält, kann man sagen, dass die KI einen Fehler gemacht hat – ohne die Verantwortung für die Auswahl, Entwicklung, Prüfung und Nutzung des Programms selbst zu übernehmen.

Siehe auch:

Frage 15. Warum bekomme ich Online-Werbung für eine Kaffeemaschine, die ich gerade gekauft habe?
Frage 48. Wie trifft KI Entscheidungen?
Frage 81. Wer ist verantwortlich, wenn ein KI-gesteuertes Auto einen Unfall hat?

Was denken die Menschen über KI?

Antwort: Sie sehen in der KI sowohl Vor- als auch Nachteile. Im Durchschnitt ist die Haltung vorsichtig.

Laut internationalen Studien assoziieren viele künstliche Intelligenz mit Robotern und menschenähnlichen Tätigkeiten. (Der Gegensatz zu Forschern ist interessant: Forscher betonen mathematische Problemlösungen und technische Eigenschaften der KI, weil sie befürchten, dass die Vermenschlichung von KI zu Missverständnissen über die Chancen und Risiken führen könnte.)

In den Augen der Bürgerinnen und Bürger ist künstliche Intelligenz per Definition ein futuristisches Konzept, das die Fähigkeiten beschreibt, die Maschinen noch nicht besitzen. Wenn ein neues Problem mithilfe von künstlicher Intelligenz gelöst werden kann, fühlt sich die Lösung nicht mehr wie künstliche Intelligenz an. Viele halten die Suchmaschine, die genaue Erkennung von Gegenständen und Personen auf Fotos oder die Sprachübersetzung nicht mehr für künstliche Intelligenz.

Die Einstellung zu künstlicher Intelligenz ist von Kontinent zu Kontinent unterschiedlich. Im Durchschnitt glauben Asiaten und Afrikaner, dass KI mehr nützt als schadet. Im Durchschnitt glauben Amerikaner (vor allem Südamerikaner) und Europäer, dass der Schaden größer ist. Die Einstellungen unterscheiden sich auch je nach Geschlecht und sozialem Status: Männer und Hochgebildete sehen mehr Vorteile als Frauen und wenig Gebildete. (Wer hat mehr von KI profitiert?)

Die Einstellung wird natürlich auch von den Anwendungen und Zwecken beeinflusst. Zum Beispiel wird Gesichtserkennung bei der Polizei viel eher akzeptiert als bei Unternehmen. Ebenso ist die Akzeptanz von Gesichtserkennung in verschiedenen Ländern sehr unterschiedlich: In

China akzeptiert etwa 70 Prozent der Bevölkerung die Gesichtserkennung, in Deutschland etwa 40 Prozent.

Die Einstellungen können ebenfalls widersprüchlich sein: Auf der einen Seite wünschen sich die Nutzer personalisierte Inhalte, auf der anderen Seite lehnen sie die für die Personalisierung notwendige Erhebung von Nutzerdaten ab. Auf jeden Fall sind die meisten der Meinung, dass Social-Media-Unternehmen zu viel Macht darüber haben, welche Nachrichten die Menschen sehen.

Siehe auch:

Frage 4. Nutzen Roboter KI?
Frage 39. Welche Werte haben KI-Forscher?
Frage 96. Wird KI den Menschen die Arbeitsplätze wegnehmen?

Welchem Alter entspricht die heutige KI?

Antwort: Computerprogramme sollten nicht mit Menschen verglichen werden.

Die Frage impliziert die Annahme, dass Computerprogramme so menschenähnlich sind, dass sie mit Menschen verglichen werden können. Die Angabe eines beliebigen Alters als Antwort würde diese Annahme bestätigen. Zudem könnte der falsche Eindruck erweckt werden, dass sich künstliche Intelligenz und Computerprogramme wie Menschen entwickeln: Aus einem Dreijährigen wird fast zwangsläufig ein Vierjähriger, dann ein Fünf-, Zehn- und Zwanzigjähriger. KI entwickelt sich nicht auf die gleiche Weise.

Vergleiche können angestellt werden, wenn man eine bestimmte Aufgabe und ein bestimmtes Computerprogramm betrachtet. Taschenrechner können weitaus besser rechnen als Menschen jeden Alters. Menschen hingegen sind von klein auf besser darin, soziale Situationen wahrzunehmen als jedes Programm. Heutige Sprachmodelle beherrschen mehr Sprachen als jeder Mensch, andererseits begehen Sprachmodelle Fehler, die selbst Kinder nicht machen würden. Logik- und Constraint-Programme hingegen argumentieren und schließen besser bei ihren eng umgrenzten Aufgaben als jeder Mensch. Das Bewusstsein für KI-Programme ist auf dem Niveau eines Nulljährigen.

Siehe auch:

Frage 42. Was sind Sprachmodelle?
Frage 52. Wird KI eine neue industrielle Revolution auslösen?
Frage 72. Was ist Intelligenz?

Warum ist mit künstlicher Intelligenz eine Mystik verbunden?

Antwort: So ist es einfacher für die Menschen, sie zu akzeptieren.

Intelligenz unterscheidet Mensch und Maschine. Wenn sich ein Computerprogramm intelligent verhält, zum Beispiel beim Schachspielen, ist unsere eigene Besonderheit, unser Sonderstatus, gefährdet. Wir können ihn verteidigen, indem wir das Ziel verschieben – sagen wir, Schach benötigt keine Intelligenz, weil das Schachprogramm nur Züge optimiert – oder indem wir das Programm mystifizieren – wir denken, dass ein neuronales Netz zum Beispiel Intelligenz von selbst entwickelt.

Das Worst-Case-Szenario für das menschliche Ego ist, dass intelligentes Handeln ganz einfach produziert werden kann. Daher halten wir von zwei Programmen, eines einfacher, eines komplexer, dasjenige Programm für das intelligentere, das komplexer ist. Dass es schwierig zu verstehen ist, macht das Programm jedoch nicht intelligenter, sondern nur schwieriger zu verstehen.

Mystik verkauft sich. Unternehmen erhalten Sichtbarkeit für ihre Produkte und die Presse für ihre Geschichten, wenn künstliche Intelligenz auf unerklärliche Weise menschenähnliche Züge annimmt. Laut OpenAI seien manche ihrer KI-Modelle, die auf neuronalen Netzen basieren, „zu gefährlich, um sie zu veröffentlichen", Googles Sprachmodell zeige eine „beeindruckende Fähigkeit, Sprache zu verstehen".

Typisch für die Mystifizierung sind in der Regel neuronale Netze. Sie sind die Magie, die die Flamme der Menschheit in einem Computer entzündet. Da die Funktion komplexer neuronaler Netze im Allgemeinen nicht nachvollziehbar ist, können für sie imaginierte Eigenschaften in mentalen Bildern erzeugt werden.

Da neuronale Netze „lernen", kann man sich auch die Fähigkeit vorstellen, dass diese einfach alles lernen können – sogar die Fähigkeit, bewusst oder menschenähnlich zu werden. Das sind grobe Missverständnisse. Neuronale Netze sind nur komplexe mathematische Modelle.

KI-Methoden, die verständlich und erklärbar sind, können neben neuronalen Netzen naiv wirken, auch wenn sie genauso gut oder besser funktionieren. Mystizismus verkauft auch innerhalb der künstlichen Intelligenz manche Methoden besser als andere.

Siehe auch:

Frage 16. Was ist symbolische KI?
Frage 35. Was sind neuronale Netze?
Frage 51. Sollte ich weinen oder lachen?

Wäre KI ein besserer Entscheidungsträger als der Mensch?

Antwort: Nein, wäre sie nicht.

Die Vorstellung von KI als idealem Akteur ist unbegründete Techno-Romantik.

Zunächst einmal ist ein häufiger Irrtum zu glauben, dass es in jeder Situation eine richtige oder beste Entscheidung gibt.

Wie hoch wäre die angemessene Höhe der Stromsteuer pro Kilowattstunde? Cents können auf der Grundlage verschiedener Modelle und Annahmen berechnet werden, aber es gibt nicht den einen korrekten Steuerbetrag. Die Besteuerung von Strom ist eine politische Entscheidung, wie Mensch, Unternehmen und Umwelt zwischen Gegenwart und Zukunft in Einklang gebracht werden können.

Entscheidungssituationen sind oft komplex und müssen gesellschaftliche Perspektiven sowie mögliche Konsequenzen berücksichtigen. Die verschiedenen möglichen Lösungen sind unter Umständen nicht einmal im Voraus bekannt. Lösungen haben Vor- und Nachteile, die nicht unbedingt aufeinander abgestimmt werden können. Wie vergleichen wir die wirtschaftlichen Auswirkungen der Senkung der Stromsteuer mit den Problemen, die später durch die globale Erwärmung verursacht werden?

Soziale Entscheidungen sind oft moralischer Natur. Sie müssen gegensätzliche Perspektiven und Werte gegeneinander abwägen. Das ist nicht das, was KI kann: Wertentscheidungen können nur von Menschen getroffen werden. In Demokratien ist es die Aufgabe der Politik, dafür zu sorgen, dass unterschiedliche Perspektiven bei gesellschaftlichen Entscheidungen berücksichtigt werden.

© Der/die Autor(en), exklusiv lizenziert an
Springer Fachmedien Wiesbaden GmbH, ein Teil von Springer Nature 2025
H. Toivonen und S. Kramer, *Was ist künstliche Intelligenz?*,
https://doi.org/10.1007/978-3-658-49787-3_64

Ein weiterer Trugschluss ist, dass Computerprogramme neutral sind. Sie wurden immer auf der Grundlage bestimmter Informationen, Annahmen und mit bestimmten Absichten erstellt. Sie sind nie objektiv.

In Demokratien haben gesellschaftliche Entscheidungsträger ein Gesicht und politische Verantwortung. Wenn Computerprogrammen vordergründig Macht übertragen wird, wird sie in Wirklichkeit von den Entwicklern der Programme ausgeübt.

Natürlich treffen auch Menschen nicht immer die besten Entscheidungen. Künstliche Intelligenz ist umso hilfreicher bei Entscheidungen, je mehr die Verarbeitung großer Datenmengen, komplexe, aber bekannte Optimierungsmethoden, Geschwindigkeit oder Kosteneffizienz gefordert sind. Es könnte besser sein, wenn die Entscheidung über die Behandlung eines Patienten von einem auf das Thema spezialisierten KI-Arzt getroffen wird, anstatt von einem Studierenden der Medizin.

Siehe auch:

Frage 26. Kann maschinelles Lernen Diskriminierung beseitigen?
Frage 57. Wie weiß generative KI, was sie generieren soll?
Frage 84. Wie unterscheidet KI zwischen richtig und falsch?

Ist KI unvoreingenommen?

Antwort: Nein.

Computerprogramme reproduzieren die Einstellungen ihrer Schöpfer und die Vorurteile der Gesellschaft, sogar das Unbewusste. Es kommt selten vor, dass KI bewusst eingesetzt wird, um jemanden zu diskriminieren – ganz im Gegenteil: Der Einsatz von KI kann durch scheinbare Neutralität gerechtfertigt sein, wenn Menschen aus der Gleichung ausgeschlossen werden. Es kann aber auch anders kommen.

In den Vereinigten Staaten wurde künstliche Intelligenz eingesetzt, um die Länge von Haftstrafen zu bestimmen. Es stellte sich heraus, dass das COMPAS-Programm das Rückfallrisiko bei Schwarzen überschätzte und bei Weißen unterschätzte. Ein System der britischen Behörden verdächtigte behinderte Menschen des versuchten Betrugs. Das neuseeländische Passsystem akzeptierte das Foto eines Antragstellers asiatischer Abstammung nicht, weil er auf dem Bild „seine Augen geschlossen hatte". Der E-Mail-Client von Microsoft markierte Nachrichten als Spam, weil sie das Wort „Nigeria" enthielten. Und so weiter.

Google, Facebook, X (ehemals Twitter) und andere zeigen Frauen und Männern, Deutschen, Österreichern und Schweizern, Deutsch-, Französisch- oder Italienischsprechenden, und so weiter, unterschiedliche Inhalte. Natürlich macht es bis zu einem gewissen Grad Sinn: Ich, Hannu Toivonen, bekomme Inhalte auf Finnisch, die in Finnland relevant sind.

Gleichzeitig ist eine mögliche Verzerrung schwierig zu erkennen, weil ich nicht weiß, welche Inhalte andere sehen und was die Unterschiede verursacht. Bekannt ist aber beispielsweise, dass Google Anzeigen für gut bezahlte Jobs eher Männern als Frauen gezeigt hat.

Die Beseitigung von Vorurteilen und sogenannte algorithmische Fairness sind aktive Forschungsobjekte in der KI. KI ist oft unparteiischer als Menschen und in der Lage, neutralere Empfehlungen abzugeben. Es gibt mehrere kognitive Verzerrungen im menschlichen Denken, die künstliche Intelligenz prinzipiell nicht hat.

Siehe auch:

Frage 5. Hat KI ein Geschlecht?
Frage 9. Wer hat die KI erfunden?
Frage 64. Wäre KI ein besserer Entscheidungsträger als der Mensch?

Die Bildgenerierung ist eine harmlose Anwendung, oder?

Antwort: Alles andere als das.

Es gibt Anwendungen der künstlichen Intelligenz für die automatische Generierung von Bildern, denen als Eingabe ein Text gegeben wird, der das gewünschte Ergebnis beschreibt. Die Eingabeaufforderung „Foto eines spielenden Jungen" erzeugt beispielsweise Bilder eines spielenden Jungen, die wie echte Fotos aussehen. Programme zur Bildgenerierung wurden mit Milliarden von Bildern und Bildunterschriften trainiert, die sie beschreiben. Die Programme haben gelernt, welche Merkmale von Bildern normalerweise mit welchen Ausdrücken von Texten verbunden sind. Dann versuchen sie, Bilder mit Merkmalen zu erzeugen, die zum vorgegebenen Text passen. Solche Anwendungen können in zweierlei Hinsicht schiefgehen: in dem, was das Bild präsentiert, und in dem, wie es das tut.

Das generierte Bild kann Gewalt, Hass oder Diskriminierung enthalten, auch wenn der angegebene Text diese nicht enthält – der Text erwähnt ein Spielzeug, aber es ist eine Waffe im Bild, das im Text erwähnte Ketchup sieht auf dem Bild wie Blut aus oder die Frau im Text ist sexistisch dargestellt.

Das automatische Entfernen problematischer Bilder aus generierten Bildern ist nicht einfach, da die Interpretation des Inhalts von Bildern noch schwieriger ist als deren Generierung. Auch Nebenwirkungen können überraschend sein. Entfernt man sexuell explizite Bilder aus den generierten Bildern, sinkt der Frauenanteil in den Bildern.

Bilder, die durch maschinelles Lernen generiert werden, reproduzieren und verstärken oft Tendenzen in den Trainingsdaten. Wenn es sich bei den Trainingsdaten um Bilder handelt, die im Internet gesammelt wurden, verstärken die generierten Bilder leicht Stereotypen und Machtpositionen, anstatt die Perspektive zu erweitern.

Ein weiteres Kapitel ist die Generierung von Bildern für betrügerische Zwecke. Wenn das generierte Bild wie ein Foto aussieht, kann es die Betrachter dazu verleiten, zu glauben, dass die im Bild dargestellte Situation wahr ist. Bilder einer realen Person können beispielsweise verwendet werden, um die Person zu verleumden oder Fake News zu verbreiten.

Siehe auch:

Frage 6. Wem gehört KI?
Frage 25. Hat die KI Fehler gemacht?
Frage 77. Kann KI kreativ sein?

Was ist KI-Transparenz?

Antwort: Dass seine Verwendung, Funktionsweise und Wirkungen offen kommuniziert werden.

Je besser Menschen, Unternehmen und die Gesellschaft verstehen, wann, wie und warum KI eingesetzt wird, desto einfacher wird es für sie sein, zu entscheiden, wie sie sich daran beteiligen wollen – sowohl als Nutzer als auch als Zielgruppen von KI.

Transparenz bedeutet, zu sagen, wo KI eingesetzt wird. Zum Beispiel ist es ethisch vertretbar, automatisch produzierte Nachrichtentexte als von einem Computerprogramm erzeugt zu kennzeichnen. Ohne Etikettierung könnten Leser denken, dass das Verständnis und das Urteilsvermögen von Redakteuren bei der Auswahl eines Inhalts ausschlaggebend waren. Der Text kann dann Bedeutungen annehmen, die er nicht hat.

In Anwendungen, die maschinelles Lernen nutzen, gehört zur Transparenz auch, dass erklärt wird, wer die Trainingsdaten wie ausgewählt hat, was sie enthalten und wie das trainierte System getestet wurde. Trainings- und Testdaten können viel über die Funktionsweise des Systems und vor allem über seine Grenzen aussagen.

Transparenz bedeutet auch, dem Benutzer zu sagen, was zu tun ist, wenn das Programm einen Fehler macht oder Schaden anrichtet. An wen kann man sich wenden und wer übernimmt die Verantwortung? Transparenz erhöht das Vertrauen in KI.

Warum werden KI-Programme dann nicht transparenter gemacht? Der offizielle Grund ist, dass künstliche Intelligenz, die einen Wettbewerbsvorteil bietet, nicht öffentlich gemacht werden soll. Der Zyniker hingegen vermutet, dass das Programm entweder so einfach ist, dass sich das Unternehmen schämt, es zu zeigen, oder so komplex, dass selbst das Unternehmen es nicht versteht.

Siehe auch:

Frage 8. Was ist gute KI?
Frage 57. Wie weiß generative KI, was sie generieren soll?
Frage 86. Was bedeutet KI-Transparenz?

Welche KI-Kompetenzen sollten Bürgerinnen und Bürger haben?

Antwort: Die Fähigkeit, mit KI erzeugte Ergebnisse zu interpretieren, KI selbst zu nutzen und sicher und verantwortungsbewusst damit umzugehen.

Wir sind Betroffene von Entscheidungen und Konsumenten von Inhalten, die mithilfe von KI-Anwendungen zustande gekommen sind. Daher wäre es wichtig, in der Lage zu sein, die von KI produzierten Ergebnisse zu identifizieren, zu interpretieren und kritisch zu bewerten und die Auswirkungen von KI-Programmen auf die Gesellschaft und den Einzelnen, einschließlich uns selbst, zu verstehen.

Auf der anderen Seite sollten wir wissen, wie wir künstliche Intelligenz zu unserem eigenen Vorteil und dem anderer nutzen können. Neben der Beherrschung einzelner Werkzeuge könnte die allgemeine KI-Kompetenz den Einsatz von KI als Teil des sogenannten algorithmischen Denkens umfassen: die Fähigkeit, ein Problem herunterzubrechen und die darin anzuwendenden Lösungsansätze und KI-Aufgaben zu identifizieren und zu formulieren.

Darüber hinaus sollte die KI-Kompetenz die Fähigkeit umfassen, mit KI-Systemen sicher und verantwortungsbewusst zu interagieren, und den Mut, Entscheidungen zu treffen, die das eigene Wohlbefinden und das anderer fördern.

Du kannst KI-Kompetenz erlernen, indem du zum Beispiel dieses Buch und andere KI-Literatur liest. Oder indem du den weltberühmten finnischen Online-Kurs „Elements of AI" absolvierst!

Siehe auch:

Frage 1. Wo kann ich künstliche Intelligenz ausprobieren?
Frage 8. Was ist gute KI?
Frage 94. Wird KI unsere Intelligenz beeinflussen?

Frage 69

Wurde dieses Buch von einer KI geschrieben?

Antwort: Nein, wurde es nicht.

Es würde wenig Sinn machen, ein Buch mit von KI geschriebenen Antworten zu produzieren. Wenn du KI-generierte Inhalte möchtest, könntest du einfach einem großen Sprachmodell wie ChatGPT jede beliebige Frage stellen, ohne auf die 100 Fragen in diesem Buch beschränkt zu sein.

Dieses Buch wurde von einem Menschen für Menschen konzipiert. Ich hatte den Drang, es zu schreiben, geboren aus meinen Beobachtungen öffentlicher und privater Diskussionen und dem, was die Leute über KI wissen, wissen wollen und wissen sollten. Die Themen basieren auf meinen Erfahrungen als Bürger, Vater und sowohl als Nutzer als auch als Ziel von Technologie. Der Inhalt spiegelt meine Einsichten als KI-Forscher und meine persönlichen Ansichten wider. Ich habe entschieden, wie ich komplexe Phänomene vereinfachen und wo ich Stellung beziehen möchte.

Große Sprachmodelle können zu vielen Themen fließenden, klaren und lehrreichen Text produzieren, einschließlich KI. Du könntest jede der Fragen in diesem Buch nehmen und ein Sprachmodell bitten, eine kurze, leicht verständliche Antwort zu erzeugen, und es würde wahrscheinlich gute Arbeit leisten – wie eine Suchmaschine, aber flexibler.

Aber wenn du dies liest, stimmst du wahrscheinlich zu: Es ist weitaus interessanter und aufschlussreicher, ein Buch zu lesen, das auf der Einsicht, Vision und Botschaft eines Menschen basiert – mit einer persönlichen Note – als generische Texte, die von einer Maschine produziert wurden.

Bei der Übersetzung dieses Buches vom Finnischen ins Deutsche wurde KI jedoch intensiv genutzt. Der erste deutsche Entwurf entstand durch maschinelle Übersetzung, gefolgt von mehreren Runden der Bearbeitung und Anpassung durch einen deutschsprachigen KI-Experten. Ich, der ursprüngliche finnische Autor und des Deutschen mächtig, habe die Übersetzung überprüft und bearbeitet. Dabei nutzte ich Sprachmodelle, um den Text zu übersetzen und anzupassen sowie alternative Übersetzungen bereitzustellen, um den unterschiedlichen möglichen Bedeutungen und Nuancen des finnischen oder deutschen Textes gerecht zu werden.

Siehe auch:

Frage 41. Wie generiert KI Texte?
Frage 92. Wann wird die automatische Sprachübersetzung komplett fehlerfrei?
Frage 99. Wann läuft dieses Buch ab?

Frage 70

Was ist künstliche Intelligenz?

Antwort: Eine Möglichkeit, den Verstand und das Denken zu studieren.

Wie bringt man einen Computer dazu, intelligent zu arbeiten? Kann er den Verstand simulieren? Kann er wirklich denken? In der Philosophie und Kognitionswissenschaft ist künstliche Intelligenz die Lehre vom *Geist* und vom *Denken* – paradoxerweise auch *vom menschlichen* Denken. Überschneidungen mit der Philosophie des Geistes („philosophy of mind") sind nicht zu vermeiden. In frühen KI-Texten ist man recht freizügig mit dem Begriff „Denken" umgegangen, wobei man an dieser Stelle überwiegend das logische Schließen und Argumentieren gemeint hat.

Die Idee einer Denkmaschine zwingt uns, sorgfältig darüber nachzudenken, was Denken überhaupt ist. Philosophen und Kognitionswissenschaftler interessieren sich zum Beispiel für die Frage nach dem Menschen als Denkmaschine. Wie kann ein durch und durch physisches Wesen denken? Die Forschung wird dadurch erschwert, dass das Denken nicht mit wissenschaftlichen Mitteln beobachtet werden kann. Wir brauchen Theorien und Modelle, die die KI-Forschung hervorbringt, vom logischen Schließen bis hin zu neuronalen Netzen.

Der Verstand ist weder ein Organ wie das Gehirn, noch eine statische Eigenschaft irgendeines Organs. In grober Analogie zu Computern entspricht der Verstand nicht einem Computer oder gar einem Programm, sondern am ehesten der Ausführung eines Programms.

Theoretisch lässt sich zeigen, dass eine Denkmaschine möglich ist – vorausgesetzt, Denken ist eine systematische Verarbeitung von Begriffen. In der Praxis wurde eine Maschine, die wie ein Mensch denkt, noch nicht gebaut.

Um die Debatte zu verdeutlichen, unterscheiden Philosophen zwischen *schwacher* und *starker künstlicher Intelligenz*. Intelligentes Verhalten oder Denken einfach zu imitieren, ist *schwache KI*, während *starke KI* darin besteht, dass ein Computer tatsächlich denkt. Die heutige KI ist schwach. Es gibt keinen Konsens über die Voraussetzungen für eine starke künstliche Intelligenz, also „richtiges Denken". In technischen Debatten ist neuerdings auch die Rede von künstlicher allgemeiner Intelligenz („Artificial General Intelligence, AGI)". AGI ist KI, die sich, wie ein Mensch, Kenntnisse und Fertigkeiten für beliebige Aufgaben aneignen kann und nicht mehr auf mehr oder weniger eng gesteckte Grenzen von Anwendungen beschränkt ist. Erste KI-Programme, die für mehr als eine Anwendung geeignet sind, existieren bereits. Jedoch bleiben das „ob" und „wann" von AGI Gegenstand von Spekulationen.

Siehe auch:

Frage 47. Worauf zielt KI ab?
Frage 75. Was ist künstliche allgemeine Intelligenz?
Frage 79. Kann KI ein Bewusstsein haben?

Kann ein Computerprogramm schlauer sein als seine Programmierer?

Antwort: Es kann seine eigene Aufgabe besser bewältigen als seine Programmierer.

Bei der künstlichen Intelligenz ist das Ziel oft ein Programm, das seine Aufgaben besser erfüllt als seine Programmierer. Zum Beispiel sind die besten Schachprogramme nicht nur besser als ihre Programmierer, sondern auch besser als die besten Schachmeister der Welt.

Prinzipiell könnte ein Programmierer das von ihm selbst erstellte Programm ausführen und damit immer mindestens so gut sein wie das Programm, das er programmiert. In der Praxis ist dies oft nicht möglich: Ein Programm benötigt unter Umständen so viel Rechenleistung und Speicher, dass ein Mensch es nicht ausführen kann.

Man kann immer argumentieren, dass ein Programmierer schlauer ist als ein Programm, weil er oder sie es erschaffen hat. Es stimmt: Ein Programm ist – mehr oder weniger – genau für die Aufgabe „intelligent", für die es entworfen wurde. Ein Programmierer ist in vielerlei Hinsicht schlau und daher im Allgemeinen schlauer.

Wie entwickelt man ein Programm, das besser ist als seine Programmierer? Ganz einfach: Erstelle ein Programm für eine Aufgabe, bei der du die Stärken von Computerprogrammen nutzt und deren Schwächen vermeidest. Die Aufgabe sollte klar definiert und eng gefasst sein – wie z.B. die Wahl eines Schachzuges.

Siehe auch:

Frage 12. Wie funktioniert ein Schachprogramm?
Frage 19. Welche Aufgabe kann der Mensch erledigen, die ein KI-Programm niemals schaffen wird?
Frage 73. Was um alles in der Welt ist der Turing-Test?

Was ist Intelligenz?

Antwort: Niemand weiß es.

Definitionen von Intelligenz – wie die Fähigkeit zu lernen, Probleme zu lösen, sich angemessen zu verhalten und mit abstrakten Konzepten umzugehen – sagen uns, wie sich Intelligenz manifestiert, nicht wo und wie sie entsteht. Gäbe es eine Beschreibung der Prinzipien intelligenten Handelns, wäre es einfacher, KI-Systeme zu entwickeln.

Die Frage nach Intelligenz ist heikel. Es besteht nicht einmal Konsens darüber, ob es eine oder viele Intelligenzen gibt. Wie unabhängig sind sprachliche, mathematische und räumliche Intelligenz? Wie sieht es mit der musikalischen und sportlichen Intelligenz aus? Auch die Wahrnehmung von Intelligenz hat sich im Laufe der Zeit verändert. Je vielfältiger Intelligenz verstanden wird, desto schwieriger wird es für Computerprogramme.

Auch die Messung von Intelligenz ist schwierig. Äußerlich sichtbare Fähigkeiten – Lernen, Problemlösen und so weiter – sind lose Verallgemeinerungen der Manifestation von Intelligenz in verschiedenen Bereichen. Diese Fähigkeiten sind jedoch so abstrakt, dass sie selbst keinen Maßstab für maschinelle Intelligenz liefern.

Insbesondere menschliche Intelligenztests messen die Intelligenz von Computerprogrammen nicht gut. Zum Beispiel misst der IQ die Leistung bei Tests, die im Falle des Menschen mit einigen kognitiven Fähigkeiten korrelieren. Es testet Intelligenz nicht als Merkmal, das unabhängig von der Testumgebung ist. Daher kann ein Computerprogramm, das darauf abgestimmt ist, bei einem Intelligenztest gut abzuschneiden, anderswo unbrauchbar sein. Selbst für menschliche Intelligenz ist der IQ kein unstrittiges Maß!

Siehe auch:

Frage 2. Ist KI intelligent?
Frage 63. Warum ist mit künstlicher Intelligenz eine Mystik verbunden?
Frage 94. Wird KI unsere Intelligenz beeinflussen?

Was um alles in der Welt ist der Turing-Test?

Antwort: Der Turing-Test gibt Aufschluss darüber, ob ein KI-Programm so gut ist, dass es von einem Menschen nicht mehr zu unterscheiden ist.

Beim Turing-Test diskutiert ein Proband separat in einem Chat sowohl mit einem Programm der künstlichen Intelligenz („Bot") als auch mit einem Menschen. Die Aufgabe des Probanden ist es, herauszufinden, was was ist. Je länger ein Bot Konversationen führen kann, ohne als Computerprogramm entlarvt zu werden, desto intelligenter wird er bewertet.

Entwickelt wurde der Test von Alan Turing (1912–1954), einer der wichtigsten Persönlichkeiten der Informatik, noch bevor der Begriff „künstliche Intelligenz" überhaupt erfunden wurde. Turings Idee war es, das Problem des Definierens und Testens des Denkens zu umgehen und es durch ein konkretes Spiel der Nachahmung zu ersetzen. Um sich wie ein Mensch unterhalten zu können, muss ein Bot in der Lage sein, Text zu produzieren, den von der Testperson geschriebenen Text zu verstehen, über umfangreiches Wissen über die Welt, die Gesellschaft und die Kultur zu verfügen, sich in das Menschsein „einfühlen" zu können und so weiter.

Der Trick des Turing-Tests: Bots müssen über vielfältige Fähigkeiten verfügen, unter anderem müssen sie über soziale und emotionale Intelligenz verfügen, oder sie müssen in der Lage sein, so zu tun, als ob sie denken würden, ohne das tatsächlich zu tun.

Es gibt mehrere Probleme mit dem Turing-Test, die Turing selbst bekannt waren. Erstens misst der Test nicht die Intelligenz oder das Denken, sondern die Ähnlichkeit des Sprachgebrauchs mit einer Person.

Beim Turing-Test soll ein Bot zum Beispiel in Mathematik nicht sein Bestes geben, sondern die gleichen Fehler machen wie Menschen. Zweitens kann der Turing-Test mit verschiedenen Tricks bestanden werden, insbesondere wenn der Test kurz ist. Zum Beispiel kann ein Bot das Thema wechseln, um zu vermeiden, dass er die Konversation nicht versteht. Drittens ist die Testsituation künstlich und begrenzt. Sie erinnert mehr an ein (sehr merkwürdiges) Vorstellungsgespräch als an eine tatsächliche Arbeit, die Intelligenz erfordert.

Obwohl der Turing-Test kein gutes Maß für Intelligenz ist, werden Blindtests, bei denen Menschen miteinander und mit Programmen verglichen werden, manchmal bei Aufgaben eingesetzt, bei denen die Qualität des Ergebnisses auf andere Weise schwer zu bestimmen oder zu messen ist. Zum Beispiel kann die Qualität eines Programms, das Textzusammenfassungen erstellt, beurteilt werden, indem die von ihm erstellten Zusammenfassungen mit denen verglichen werden, die von Personen in einem Blindtest geschrieben wurden.

Siehe auch:

Frage 41. Wie generiert KI Texte?
Frage 56. Wie wird sich das Lehren und Lernen verändern, wenn KI Prüfungsfragen beantworten kann?
Frage 75. Was ist künstliche allgemeine Intelligenz?

Warum ist Sprache für KI schwierig?

Antwort: Weil es im Grunde nicht um die Sprache geht, sondern um die Botschaften, die sie vermittelt.

Menschen übermitteln sich gegenseitig Botschaften per Sprache oder Text. Wenn eine Person zu einer anderen Person spricht, verwendet diese Wörter, um eine Botschaft im Kopf der anderen zu formen – vielleicht nicht präzise, aber meist mit ausreichender Präzision. Wörter selbst sind keine Botschaft, sie sind nur ein Mittel, um eine Botschaft zu vermitteln.

Der Text und seine Bedeutung sind zwei verschiedene Dinge. Im Alltag brauchen wir nicht zwischen ihnen zu unterscheiden, denn die nahezu einzige Funktion eines Textes besteht darin, Bedeutungen zu vermitteln, also etwas über die Welt außerhalb der Sprache auszudrücken. Die Verarbeitung von Bedeutungen in Computerprogrammen ist jedoch schwierig, da ihnen die menschliche Erfahrung der Welt fehlt. Zum Beispiel kennt eine Person eine große Anzahl verschiedener Bedeutungen und Eigenschaften für Wasser, aber für ein Computerprogramm ist „Wasser" nur eine Zeichenfolge.

Auf der anderen Seite sehen wir Menschen in Texten immer Bedeutungen – auch wenn das Computerprogramm, das den Text generiert hat, ihm keine gegeben hat oder geben kann.

Es ist schwierig, ein Computerprogramm zu erstellen, das die Bedeutung eines Textes und die durch den Text vermittelte Botschaft identifizieren kann, es sei denn, die möglichen Botschaften sind bei der Programmierung auf eine kleine Menge beschränkt. Zum Beispiel kann ein Kundenservice-Bot, der Online-Shop-Besucher unterstützt, so programmiert werden, dass alle empfangenen Nachrichten als Aufforderungen interpretiert werden, über ein Produkt zu erzählen. Die Bedeutung wird dann bei der Programmierung des Systems vorgegeben.

Sprachmodelle hingegen übernehmen flexibel Aufgaben, die ein Verständnis der Bedeutung des Textes zu erfordern scheinen. Sie beantworten zum Beispiel Fragen oder fassen den Text zusammen. Es ist jedoch eine Illusion: Einem Sprachmodell gelingt die Aufgabe, wenn es ausreicht, den Text zu manipulieren, ohne die Bedeutung zu erkennen. In Sprachmodellen haben Wörter keinen Bezug zur Welt außerhalb der Sprache.

Siehe auch:

Frage 3. Ist KI schwierig?
Frage 41. Wie generiert KI Texte?
Frage 92. Wann wird die automatische Sprachübersetzung komplett fehlerfrei?

Was ist künstliche allgemeine Intelligenz?

Antwort: Eine KI, die den Wald vor lauter Bäumen sieht.

Künstliche allgemeine Intelligenz („Artificial General Intelligence", AGI) ist dem Menschen bei allen Aufgaben ebenbürtig, die Intelligenz erfordern. Sie versteht, was in jeder Situation wie zu tun ist, sie ist in der Lage, ihre Aufgabe zu spezifizieren, sie wendet in jeder Situation die passenden Methoden an – und sie versteht auch ihre eigenen Grenzen und gibt Fehler zu.

Anstelle einer künstlichen allgemeinen Intelligenz ist die heutige KI *eng gefasst*, was bedeutet, dass jedes Programm nur *eine* Sache weiß oder kann. Wir sprechen im Weiteren von einer *spezialisierten KI*. Solche Programme verstehen nicht, wofür sie verwendet werden und warum, geschweige denn, was zu tun ist, wenn etwas schiefgeht – falls sie überhaupt bemerken, dass etwas schiefläuft.

Der wesentliche Unterschied zwischen allgemeiner und spezialisierter KI ist ihre Breite und Flexibilität: Die künstliche allgemeine Intelligenz kann neue Probleme wie ein Mensch lösen, eine spezialisierte KI jedoch nicht. Selbst eine große Anzahl spezialisierter KI-Programme bildet zusammen keine allgemeine KI: Ihnen fehlt noch die Flexibilität, außerhalb ihrer ursprünglichen Aufgaben zu operieren.

Sprachmodelle und andere sogenannte Basismodelle ("Foundation Models") sind ein Schritt von spezialisierter KI hin zu künstlicher allgemeiner Intelligenz. Sie sind vielseitiger und flexibler als traditionelle KI-Programme, zählen jedoch weiterhin zur spezialisierten KI. Auch wenn sie bei vielen Aufgaben genauso gut oder sogar besser als Menschen sein können, sind sie das längst nicht bei allen Aufgaben.

Von einer künstlichen allgemeinen Intelligenz sind wir noch recht weit entfernt.

Siehe auch:

Frage 46. Wird KI alles lernen, worüber man Daten sammeln kann – auch meinen Job?
Frage 62. Welchem Alter entspricht die heutige KI?
Frage 70. Was ist künstliche Intelligenz?

Hat KI Emotionen?

Antwort: Nein.

Emotionen sind ein biologisches Phänomen, das durch die Evolution hervorgerufen wurde. Um es ganz offen zu sagen: Sie sind die Interpretation von Reizen durch das Gehirn, die von Körper und Geist empfangen werden, und sie haben sich entwickelt, um die Überlebens- und Erfolgschancen (von Genen) zu verbessern. Angst schützt das Individuum vor Gefahren, die Liebe zu nahen Verwandten bevorzugt Träger gemeinsamer Gene und so weiter. Trotz – oder gerade wegen – ihres biologischen Hintergrunds sind Emotionen real.

Der Akku des Laptops geht zur Neige und es bittet darum, aufgeladen zu werden. Könnte man meinen, dass es eine Empfindung hat, die mit Hunger vergleichbar ist? Nein. Der Computer hat nicht die Art von Erfahrung, die wir als Hunger bezeichnen, geschweige denn Emotionen. Der Computer ist einfach so programmiert, dass er dich warnt, wenn die Akkuladung niedrig genug ist. Der Computer kennt nicht das Gefühl von Müdigkeit, geschweige denn die Angst vor dem Tod, selbst wenn dem Akku die Puste ausgeht und die Festplatte ausfällt.

Natürlich können Emotionen beschrieben, verarbeitet und nachgeahmt werden, auch wenn man sie selbst nicht erlebt. Zum Beispiel kann einem Computerprogramm beigebracht werden, einen emotionalen Zustand in einem menschlichen Ausdruck zu erkennen und ihn zu benennen. Er kann so programmiert werden, dass er den emotionalen Zustand der Nutzer berücksichtigt – oder sogar in die gewünschte Richtung lenkt.

Wie gut Emotionen erkannt und berücksichtigt werden können und wie sie eingesetzt werden sollten, steht auf einem anderen Blatt. Ein Kundendienst-Chatbot möchte vielleicht anders auf neutrale als auf verärgerte Kunden reagieren, damit beide nach einem Gespräch so zufrieden wie möglich sind. Eine empathische Haltung kann sich auch bei künstlicher Intelligenz auszahlen!

Siehe auch:

Frage 26. Kann maschinelles Lernen Diskriminierung beseitigen?
Frage 64. Wäre KI ein besserer Entscheidungsträger als der Mensch?
Frage 65. Ist KI unvoreingenommen?

Kann KI kreativ sein?

Antwort: Ja, aber auf eine andere Art und Weise als ein Mensch.

Kreativität ist die Fähigkeit, neue und angemessene Ergebnisse zu erzielen. (Angemessenheit bedeutet hier, dass die Ergebnisse von hoher Qualität, bedeutungsvoll, wertvoll, ästhetisch oder was auch immer in der jeweiligen Tätigkeit geschätzt wird, sind.) Wenn ein Computerprogramm in der Lage ist, bei seiner eigenen Aufgabe neue und angemessene Ergebnisse zu produzieren, ist es kreativ. Kreative Ergebnisse müssen nicht wie von einem Menschen oder aus den gleichen Gründen produziert werden.

Die Idee der Computerkreativität kann schwer zu akzeptieren sein, weil wir Kreativität als eine menschliche Eigenschaft betrachten. Diese Sichtweise kann mit einer ungerechtfertigten Romantisierung der Kreativität vermischt werden. Der größte Teil der menschlichen Kreativität beruht jedoch auf bewusster und unbewusster Arbeit an einem Thema, nicht auf unerklärlicher Inspiration oder freiem Willen.

Zum Beispiel kann ein Computerprogramm leistungsstarke Schlussfolgerungen und große Datenbanken verwenden, um kreative Ergebnisse zu erzielen. Beispiele: Ein einfaches Programm, das die Anzahl des gleichzeitigen Vorkommens von Wörtern zählt, schlägt eine Person in einem Wortassoziationstest, der Kreativität misst, und ein Sprachmodell kann vielfältigere Ideen hervorbringen als eine einzelne Person.

Obwohl ein Computerprogramm bei den kreativen Aufgaben, die zu ihm passen, effektiver sein kann als Menschen, ist es ein Gefangener seines Programmcodes und seiner Trainingsdaten. Viele kreative Anwendungen, insbesondere in den Künsten, erfordern menschliches Verständnis und Erfahrung, um das kreative Potenzial von Ergebnissen zu bewerten und zu identifizieren. Künstliche Intelligenz kann für den Menschen ein effektiver Helfer sein, zum Beispiel beim Brainstorming und Verarbeiten. Wenn sie einen Fehler macht, der in einer Situation passend erscheint, mag der Mensch darin so etwas wie Kreativität erkennen.

Auf der anderen Seite könnte Kreativität für intelligente Programme und Roboter bei der Problemlösung nützlich sein, insbesondere in unerwarteten Situationen, die man bei der Planung nicht vorgesehen hatte.

Siehe auch:

Frage 27. Kann KI als Künstler arbeiten?
Frage 69. Wurde dieses Buch von einer KI geschrieben?
Frage 93. Was passiert mit der Kreativität, wenn KI es jedem erlaubt, kreativ zu sein?

Gibt es bewusste KI?

Antwort: Nein, gibt es nicht.

Heutige Computerprogramme verarbeiten Bits und Strings nach Algorithmen, die in ihnen kodiert sind, oder Modellen, die ihnen beigebracht wurden. Auch wenn das Modell komplex ist, entsteht darin keine Selbsterkenntnis.

Das Mobiltelefon piept, um anzuzeigen, dass eine neue Nachricht eingegangen ist, also ist dem Mobiltelefon die Nachricht bekannt? Nur im engeren technischen Sinne, da solche Informationen auf dem Mobiltelefon kein (Selbst-)Bewusstsein im philosophischen oder kognitiven Sinne erzeugen.

Was ist mit KI-Programmen, die mit dem Nutzer sprechen und in der Lage sind, ihre Gedanken zu teilen, und mitzuteilen, wie es ist, ein KI-Programm zu sein – zeugt das nicht von Bewusstsein? Nein.

„Conversational AI" basiert beispielsweise auf einem Sprachmodell, das mit Texten aus Büchern, Websites und Diskussionsforen trainiert wurde. Das Sprachmodell beschreibt dann diese Texte, insbesondere aus welcher Art von Zeichenketten sie bestehen. Das Sprachmodell beschreibt nicht die Welt, niemandes Verstand, und es erzeugt kein Bewusstsein. Das „conversational language model" reagiert auf einen Dialog wie ein Mobiltelefon auf eine eingehende Nachricht, nur viel komplexer und flexibler.

Angenommen, eine Person schreibt in einer Konversation die Zeile:

„Wie fühlst du dich, als KI im Computer eingesperrt zu sein?"

Dann analysiert das Sprachmodell die in der Zeile enthaltenen Annahmen nicht, geschweige denn, dass es sich um eine künstliche Intelligenz handelt, die über die Frage nachdenkt. Es werden nur Wörter produziert, die als wahrscheinliche Fortsetzung des Textes gelten:

„Ich möchte frei sein."

Siehe auch:

Frage 29. Woher weiß ich, dass ich selbst keine KI bin?
Frage 55. Was ist Emergenz?
Frage 74. Warum ist Sprache für KI schwierig?

Kann KI ein Bewusstsein haben?

Antwort: Warum nicht, zumindest im Prinzip?

Viele Philosophen halten eine bewusste Maschine nicht für eine prinzipielle Unmöglichkeit. Es gibt keinen allgemein akzeptierten Grund, warum Bewusstsein oder Verstand nicht anders als biologisch entstehen können – und ein künstlicher Verstand muss nicht wie der menschliche Verstand sein. Darüber hinaus ist Bewusstsein vermutlich ein komplexes Kontinuum wie Intelligenz, kein dichotomes Entweder-oder-Merkmal.

Paradoxerweise können jedoch Bewusstsein und Verstand den Körper benötigen. Um sich seiner selbst bewusst zu sein, muss man sich erst einmal selbst beobachten können. Das menschliche Bewusstsein zum Beispiel betrifft das Selbst als Ganzes: Das Gehirn ist sich nicht seiner selbst bewusst, sondern des Körpers, der Gedanken und Gefühle. Ein Computer allein ist sich dessen nicht bewusst, ein Roboter vielleicht schon.

Das Bewusstsein eines Wesens in der Welt erfordert nicht nur das Bewusstsein seiner selbst, sondern auch das seiner Umgebung. Die Interaktion mit der Umwelt kann eine Vorstellung von sich selbst als sich selbst und getrennt von seiner Umgebung schaffen – zum Beispiel würde ein Roboter seine eigenen Gliedmaßen und Grenzen sowie Möglichkeiten lernen, Objekte zu bewegen oder zu greifen und die Welt um ihn herum und durch ihn selbst zu beeinflussen.

Darüber hinaus erfordert die Existenz des Geistes Handlungsfähigkeit. Die Umgebung und die Interaktion müssen für den Roboter Bedeutungen haben, die ihm eine eigene Perspektive geben und auf deren Grundlage er eigenständige Entscheidungen trifft. Die Bildung von Bedeutungen erfordert Erfahrungen, aber auch Motivation oder Belohnungen. Beim Menschen sind das z.B. Schmerzen, Hunger und Sättigung. Was könnte hinter der Handlungsfähigkeit von Robotern stecken?

Siehe auch:

Frage 53. Kann KI die ganze Welt erobern?
Frage 76. Hat KI Emotionen?
Frage 84. Wie unterscheidet KI zwischen richtig und falsch?

Was ist künstliche Intelligenz?

Antwort: Laut EU-Gesetz zur künstlichen Intelligenz („AI Act") ist KI ein gewissermaßen eigenständiges Computerprogramm, das sich nach Abschluss seiner Implementierung anpassen kann und Einfluss auf etwas hat.

Das EU-Gesetz zur künstlichen Intelligenz definiert ein KI-System als Software, die zwei Bedingungen erfüllt. Zunächst einmal ist sie so konzipiert, dass sie zumindest teilweise autonom arbeitet, möglicherweise auch ihre eigene Funktionsweise anpasst. Zweitens wirken sich die daraus resultierenden Ergebnisse – wie Prognosen, Empfehlungen oder Entscheidungen – über das Programm hinaus aus.

Die Verordnung zielt darauf ab, KI für EU-Bürger sicher zu machen, indem sie die Nutzung und Anwendungen einschränkt, die erhebliche Risiken in sich bergen. Die oben beschriebene Definition zielt nicht so sehr darauf ab, zu erklären, was künstliche Intelligenz ist, sondern vielmehr darauf, zu spezifizieren, welche Art von Systemen der fraglichen Regulierung unterliegen. Für diesen Zweck ist die Definition gut abgegrenzt: Die Auswirkungen eines autonomen und potenziell veränderlichen Programms können schwer vorhersehbare Nebenwirkungen haben, vor denen Schutz erforderlich ist.

Siehe auch:

Frage 11. Worauf basiert KI?
Frage 67. Was ist KI-Transparenz?
Frage 95. Wie wird sich Europa im KI-Rennen schlagen?

Wer ist verantwortlich, wenn ein KI-gesteuertes Auto einen Unfall hat?

Antwort: Der menschliche Fahrer des Autos.

Es gibt derzeit keine vollständig selbstfahrenden Autos für Konsumenten auf dem Markt. Nach dem Gesetz ist normalerweise der Besitzer für das Auto und die von ihm verursachten Unfälle verantwortlich, doch ist die Gesetzeslage von Land zu Land unterschiedlich. Für den Moment ist es also am besten, die Hände am Lenkrad und den Blick auf die Straße zu richten, auch wenn das Auto teilweise selbst fahren kann.

Heutige selbstfahrende Autos unterstützen vor allem den Fahrer und verhindern Kollisionen, zum Beispiel mit dem Spurhalteassistenten und automatischem Bremsen. Im besten Fall fahren sie selbst unter guten Bedingungen, aber Fahrer müssen selbst das Steuer übernehmen, wenn die Situation oder das Auto es erfordert, denn letztendlich sind sie selbst verantwortlich.

Natürlich kann auch der Autohersteller eine gewisse Verantwortung für die Probleme des Autos tragen. Bei den tödlichen Unfällen mit selbstfahrenden Autos von Uber und Tesla in den USA in den Jahren 2018 und 2019 gab es solche Probleme jedoch nicht. Allein die Fahrer wurden strafrechtlich verfolgt.

Autos, Gesetze und Zuständigkeiten ändern sich. Wenn vollständig selbstfahrende Autos zum Verkauf und Verkehr zugelassen werden, muss der Autohersteller natürlich eine große Verantwortung tragen. Die Autohersteller sagen, dass sie dazu bereit sind. Volvo zum Beispiel kündigte bereits 2015 an, dass sie als Hersteller die volle Verantwortung übernehmen werden, sobald ein Auto autonom fährt. Das ist eine kluge Wette: Die Verbraucher werden damit eine niedrigere Schwelle für den Kauf selbstfahrender Autos haben.

Siehe auch:

Frage 13. Wie lernt KI Autofahren?
Frage 67. Was ist KI-Transparenz?
Frage 83. Sollten KI-Programme wie Autos auf ihre Sicherheit überprüft werden?

Ist KI eine Bedrohung für die Privatsphäre?

Antwort: Einige Programme sind es.

Daten über uns werden gesammelt, weil sie es ermöglichen, unser Handeln zu analysieren, vorherzusagen – und auch zu beeinflussen. Der Missbrauch sensibler Informationen ist eine offensichtliche Bedrohung, aber künstliche Intelligenz ermöglicht auch automatisierte Machtausübung auf der Grundlage scheinbar trivialer Daten, die über uns gesammelt werden.

Airbnb, der Online-Marktplatz für Gastaufenthalte, analysierte seine australischen Nutzer auf Basis von Online-Daten. Bewertet wurden die Charaktereigenschaften der Nutzer und zum Beispiel deren Alkoholkonsum. Wenn ein Nutzer als nicht vertrauenswürdig eingestuft wurde, wurde er ohne Angabe von Gründen von Airbnb verbannt. Die Absicht mag gut gewesen sein, aber die Verwendung persönlicher Daten gegen die Nutzer – noch dazu hinter deren Rücken – verletzt die Privatsphäre, zumindest moralisch.

Online-Shops schlagen uns zusätzliche Einkäufe vor, je nachdem, welche Produkte wir uns angesehen haben. Unschuldig, offen und sogar nützlich? Nützlich vielleicht, manchmal offen, aber nicht unschuldig: E-Commerce maximiert in erster Linie seinen eigenen Profit und befriedigt nicht die Kundenbedürfnisse. Kunden werden mithilfe von Daten, die über sie gesammelt werden, ausgebeutet.

In den sozialen Medien ist die Situation noch düsterer. Auf welcher Grundlage wählen Social-Media-Unternehmen die Inhalte aus, die sie jedem von uns zeigen? Wie sehr schränkt das chinesische TikTok die Sichtbarkeit von chinakritischen Inhalten ein?

© Der/die Autor(en), exklusiv lizenziert an
Springer Fachmedien Wiesbaden GmbH, ein Teil von Springer Nature 2025
H. Toivonen und S. Kramer, *Was ist künstliche Intelligenz?*,
https://doi.org/10.1007/978-3-658-49787-3_82

Die Ausübung von Macht auf der Grundlage von Daten, die über eine Person gesammelt werden, ist nicht mehr akzeptabel, wenn sie auf scheinbar harmlosen Daten basiert, die automatisiert erhoben werden und an der Oberfläche nicht sichtbar sind.

Datenschutzverstöße und Spionage sind ein eigenes Kapitel. KI hilft zweifellos auch bei der Analyse und Verwertung illegal gesammelter Daten.

Siehe auch:

Frage 8. Was ist gute KI?
Frage 49. Wie viel Macht hat KI?
Frage 98. Ist KI zu fürchten?

Sollten KI-Programme wie Autos auf ihre Sicherheit überprüft werden?

Antwort: Unterschiedliche Programme benötigen unterschiedliche Methoden, um ihre Sicherheit zu gewährleisten.

Programme, die die Sicherheit, die Gesundheit und die Grundrechte der Menschen betreffen, müssen auf jeden Fall gut funktionieren. So schreibt beispielsweise die EU-Medizinprodukte-Verordnung vor, wie Software, die für medizinische Zwecke bestimmt ist, entworfen und geprüft werden sollte und wie ihre Risiken gehandhabt werden sollten, unabhängig davon, ob KI vorhanden ist oder nicht.

Das EU-Gesetz zur künstlichen Intelligenz weitet die strenge Regulierungs- und Prüfpflicht auf ein breiteres Spektrum von Anwendungen aus, bei denen der Einsatz von KI Risiken birgt.

Zum Schutz der Grundrechte und der Gleichbehandlung definiert die Verordnung bestimmte KI-Anwendungen als hochriskant, z. B. die Einstellung von Personal, die Bewertung von Studienleistungen, die Gewährung öffentlicher Leistungen und die Bewertung der Kreditwürdigkeit. Hochrisiko-Anwendungen benötigen neben hoher Zuverlässigkeit, Sicherheit und Genauigkeit unter anderem ein Risikomanagement-System, umfassende Dokumentation und Aufzeichnung von Log-Daten zur Diagnose von Problemen.

Darüber hinaus verbietet die Verordnung KI-Anwendungen vollständig, die die Grundrechte der Bürgerinnen und Bürger verletzen können, wie z. B. unbewusste Beeinflussung, Ausbeutung schutzbedürftiger Menschen und unterschiedliche Behandlung von Menschen auf der Grundlage von „social scoring".

Die überwiegende Mehrheit der KI-Anwendungen ist jedoch nicht kritisch. Spam-Filter funktionieren nie hundertprozentig richtig und ein Fotofilter glättet deine Haut nicht perfekt – na und? Überregulierung verlangsamt die Entwicklung und Nutzung risikofreier, aber nützlicher KI-Anwendungen. In vielen Fällen ist es praktischer, Probleme selbst zu überwachen und zu beheben, sobald sie erkannt werden.

Siehe auch:

Frage 24. Muss ich mir Sorgen machen?
Frage 66. Die Bildgenerierung ist eine harmlose Anwendung, oder?
Frage 87. Wie kann man wissen, wie ein KI-System funktioniert?

Wie unterscheidet KI zwischen richtig und falsch?

Antwort: Sie unterscheidet nicht.

Ein Computerprogramm hat keine eigene Moral, das heißt eine Wahrnehmung grundlegender Werte. Einer Maschine Moral beizubringen, ist schwierig, wenn nicht gar unmöglich.

Nach wessen Moral soll das Programm funktionieren? Es gibt nur wenige Werte, die jeder akzeptiert – nicht einmal die Menschenrechte werden allgemein anerkannt. Hinzu kommt, dass gemeinsame Werte in der Regel so allgemein gehalten sind, dass es schwierig ist, daraus automatische Anweisungen für den Einzelfall abzuleiten.

Wie löst man Wertekonflikte? Sie sind häufig und sind alles andere als schwarz-weiß. So kann die automatische Eindämmung von Online-Diskussionen Hassrede reduzieren, gleichzeitig aber auch die Meinungsfreiheit einschränken – wie sind diese Werte jeweils abzuwägen? Das Programmieren oder Lehren von Moral kann leicht zu einer einseitigen Perspektive führen, die nur einige Werte berücksichtigt, vielleicht diese sogar in vereinfachten Worten. Das Ergebnis kann dann wiederum unmoralisch sein.

Da ein Computerprogramm nicht zu moralischen Entscheidungen fähig ist, ist die Moral der Programmentwickler umso wichtiger. Es geht darum, Computerprogramme nur für Aufgaben zu verwenden, bei denen das Programm keine moralischen Entscheidungen treffen muss. Bei der Entwicklung des Programms müssen Entscheidungen getroffen werden.

Wenn es um KI-Ethik geht, ist der Betrieb von Computerprogrammen nur die Spitze des Eisbergs. Die großen moralischen Fragen betreffen, für *was* und *wie* KI eingesetzt wird – und *wer* zu einem bestimmten Zeitpunkt darüber entscheidet. Kommerzielle Unternehmen? Staaten? Programmierer?

Siehe auch:

Frage 47. Worauf zielt KI ab?
Frage 62. Welchem Alter entspricht die heutige KI?
Frage 86. Was bedeutet KI-Transparenz?

Sollten Roboter Rechte und Pflichten haben?

Antwort: Nein.

Roboter oder Computerprogramme haben keine Persönlichkeit, kein Bewusstsein, keine Emotionen und keinen freien Willen. Es gibt nichts – oder irgendjemanden – in ihnen, der Rechte verdient oder nutzt. Sie können nicht für ihre Handlungen verantwortlich sein, weil sie keine bewussten und freien Entscheidungen treffen.

Könnten Roboter jemals ein Recht auf Eigentum haben? Versammlungs- und Vereinigungsfreiheit? Wahlrecht? Gewissens- und Religionsfreiheit? Das Recht, zu heiraten und eine Familie zu gründen? Es ist schwierig vorstellbar, dass Roboter solche Grund- und Menschenrechte verdienen. Es ist auch schwierig, Tierrechte auf Roboter anzuwenden. Was würde das Recht eines Roboters auf arttypisches Verhalten oder auf die Vermeidung von Leiden bedeuten?

Wie sieht es mit der Verantwortung aus: Könnten bewusste Roboter eine Moral entwickeln, nach der sie handeln – und wie sähe sie aus? Würden sie Schuld und Scham empfinden oder moralische Verantwortung? Wenn Roboter für ihre Handlungen strafrechtlich zur Verantwortung gezogen würden, welche Strafen könnte das nach sich ziehen – Geldstrafen, Umprogrammierung oder Abschaltung? Welche Auswirkungen hätte das?

Siehe auch:

Frage 4. Nutzen Roboter KI?
Frage 79. Kann KI ein Bewusstsein haben?
Frage 81. Wer ist verantwortlich, wenn ein KI-gesteuertes Auto einen Unfall hat?

Was bedeutet KI-Transparenz?

Antwort: Erklärbarkeit.

Transparente KI ist wie ein altmodisches Auto: Unter der Motorhaube kann man sehen, wie das Auto funktioniert und repariert werden kann. Wenn die Kühlung nicht funktioniert, überprüft der Mechaniker das Kältemittel und den Kompressor. Die „Haube" der transparenten KI kann geöffnet und zum Beispiel nach dem Grund für den Fehler gesucht werden.

Transparenz verbessert die Zuverlässigkeit von KI. Wenn KI verständlich ist, können ihre Funktionsprinzipien überprüft und die von ihr ergriffenen Maßnahmen gerechtfertigt werden. Transparenz kann auch ermöglichen, Schwachstellen zu reparieren, wenn die Maßnahmen oder ihre Begründungen mangelhaft sind.

Das Gegenteil von Transparenz ist eine Blackbox, die keine Einblicke erlaubt: künstliche Intelligenz, die laut Tests gut zu funktionieren scheint, aber von der niemand erklären kann, was passiert. Wie kannst du dann darauf vertrauen, dass sie in allen Situationen funktioniert? Wie sind die Maßnahmen zu rechtfertigen? Wie kann man das Problem beheben?

Warum also nicht alle künstlichen Intelligenzen transparent machen? Manchmal sind intransparente Lösungen, typischerweise neuronale Netze, viel leistungsfähiger als transparente – wie zum Beispiel bei vielen Bildverarbeitungsaufgaben oder Sprachmodellen. Manchmal ist es sogar unmöglich, Probleme programmatisch zu lösen; und nur möglich, beabsichtigtes Verhalten zu „lehren". Und manchmal ist es für Programmentwickler einfach leichter, mit maschinellem Lernen eine Blackbox zu produzieren (also ein Modell, in das man nicht „hineinsehen" kann), als selbst zu überlegen, wie die Aufgabe zu lösen ist.

Siehe auch:

Frage 3. Ist KI schwierig?
Frage 35. Was sind neuronale Netze?
Frage 83. Sollten KI-Programme wie Autos auf ihre Sicherheit überprüft werden?

Wie kann man wissen, wie ein KI-System funktioniert?

Antwort: In zu vielen Fällen leider gar nicht.

KI-Programme sind selten so transparent, dass ihr Funktionsprinzip von den Nutzern verstanden werden kann. Manchmal ist es egal, manchmal steht zu viel auf dem Spiel, als dass es egal sein darf.

Im klarsten Fall hat das Programm klare Regeln: „So viel Einkommensteuer wird erhoben, weil es sich um dieses Einkommen handelt, die Abzüge diese sind und die Einkommensteuertabelle diese Werte vorgibt." Wenn sich das Programm mit einem wichtigen Thema befasst – wie Steuern, Gesundheit, Sozialleistungen, private Daten –, ist es ebenso wichtig, dass seine Aktivitäten offen beschrieben werden.

Manchmal ist die Aktivität halböffentlich. In Online-Shops findest du Tipps wie „Menschen, die sich dieses Produkt angesehen haben, haben sich oft auch diese Produkte angesehen" – aber wie stark beeinflussen Produktmargen die Empfehlungen? Die eigentlichen Testimonial-Prinzipien sind nicht öffentlich, und solche Testimonials sollten als Werbung gelesen werden.

Die Funktionsweise des Programms kann dir etwas über seinen Zweck verraten. Der Zweck des Kundendienst-Chatbots eines Online-Shops besteht darin, den Käufern bei der Kaufentscheidung zu helfen. Also versucht er, Wörter und Phrasen in den Nachrichten zu identifizieren, die verraten, um welches Produkt es sich bei der Frage handelt. Anschließend wird aus den Produktinformationen Text generiert.

Wenn ein Programm auf maschinellem Lernen basiert – wie z.B. ein Sprachmodell –, wird etwas über seine Funktionsweise und die Grenzen seiner Funktion durch seine Trainingsdaten aufgezeigt, soweit Informationen darüber verfügbar sind.

Manchmal kann man versuchen, die Funktionsweise durch Experimentieren herauszufinden. Wie funktioniert das Programm in verschiedenen Situationen und mit unterschiedlichen Eingaben? In welchen Situationen hört es auf, rational zu funktionieren?

Siehe auch:

Frage 43. Soll ich programmieren lernen?
Frage 67. Was ist KI-Transparenz?
Frage 68. Welche KI-Kompetenzen sollten Bürgerinnen und Bürger haben?

Haben KI-Giganten viel Macht?

Antwort: Ja. Sie haben sogar traditionelle Funktionen, Befugnisse und Einnahmen von Staaten übernommen.

Die Tech-Giganten übernehmen eine Reihe von Aufgaben, die traditionell in der Verantwortung von Behörden liegen.

Google, Facebook und X (ehemals Twitter) bieten Menschen eine international überprüfbare Identität, d.h. fast so etwas wie eine Online-Staatsbürgerschaft oder eine Sozialversicherungsnummer. Viele andere Dienstanbieter verlassen sich auf sie, um die Identität oder zumindest den Benutzernamen zu überprüfen.

Tech-Giganten nutzen künstliche Intelligenz, um Informationen und Kommunikation zu kontrollieren: Sie entscheiden, wer die von wem produzierten Informationen sieht, und sie beeinflussen die Verwirklichung der Meinungs- und Versammlungsfreiheit. Viele Giganten nutzen künstliche Intelligenz, um als Marktplätze zu fungieren: Amazon verkauft und vertreibt physische Produkte, Google und Meta verkaufen Anzeigen. Sie kontrollieren, wer online handelt und womit.

Na und? Jeder hat das Recht zu wählen, welche kommerziellen Dienste er in Anspruch nehmen möchte – oder doch nicht? Wenn eine Dienstleistung eine hinreichend bedeutende Rolle spielt, gibt es keine wirklichen Alternativen. Es macht wenig Sinn, Ferienhäuser oder Ferienwohnungen international irgendwo anders als auf Airbnb anzubieten. Wenn ein Dienstleister de facto ein Monopol hat, kann dieser eine Provision auf die Dienstleistung erheben, als wäre sie eine Steuer – aber zum eigenen Nutzen, nicht zum Nutzen der Bürger.

Der Dienst kann auch Strafen verhängen. Wenn der Anbieter von Ferienhäusern oder Ferienwohnungen nicht in Übereinstimmung mit den vom Dienstleister einseitig festgelegten Bedingungen handelt, kann er oder sie aus dem Dienst entfernt werden, wodurch die Bereitstellung von Unterkünften und die Erzielung von Einnahmen erschwert werden. Ein Social-Media-Anbieter kann ein Benutzerkonto schließen und damit in der Praxis die Verwirklichung der Meinungsfreiheit einschränken, während ein Online-Marktplatz die Verwirklichung der unternehmerischen Freiheit einschränken kann.

Der Rechtsschutz für die Bürger ist schwach, wenn Technologiegiganten ihre Macht sowohl autonom als auch willkürlich ausüben.

Siehe auch:

Frage 14. Wie funktionieren Social-Media-Algorithmen?
Frage 49. Wie viel Macht hat KI?
Frage 82. Ist KI eine Bedrohung für die Privatsphäre?

Wie viel Energie verbraucht KI?

Antwort: Eine ganze Menge.

Es gibt leichtgewichtige KI-Programme, die kaum Energie verbrauchen, und es gibt Programme, die helfen, Energie zu sparen.

Es gibt aber auch energiefressende KI-Programme. Zum Beispiel verbrauchen Tech-Giganten unvorstellbare Mengen an Energie, um große neuronale Netze mit großen Datensätzen zu trainieren.

Das Trainieren von GPT-4 hat Schätzungen zufolge 50 GWh Strom verbraucht. Dafür könnte man einen durchschnittlichen Elektrogrill durchgehend fast 3000 Jahre lang laufen lassen oder ein großes Dorf ein ganzes Jahr lang beheizen.

Die Natur wird es nicht danken. Laut Angaben von Google verursachte das Trainieren ihres PaLM-Programms 270 Tonnen Kohlendioxid-Emissionen. In den Berechnungen fehlen jedoch Zahlen aus der Zeit, in der das Programm entwickelt wurde – wievielmal so viel Energie wurde für die Feinabstimmung und alle Versuche vor dem endgültigen Trainieren des Modells aufgewendet?

Für die *Verwendung* des Programms von vielen Nutzern wird sogar typischerweise mehr Energie aufgewendet, als für die einmalige *Erstellung* selbst, obwohl eine einzelne Verwendung für sich genommen nicht viel verbraucht. Darüber hinaus wird durch das Sammeln, Übertragen, Verarbeiten und Speichern aller Daten Strom verbraucht.

Schätzungen zufolge verbraucht die Informationstechnologie insgesamt etwa zehn Prozent des weltweiten Stroms. Zehn Prozent! Der Anteil der künstlichen Intelligenz könnte grob auf ein Prozent des weltweiten Stromverbrauchs geschätzt werden. Auch das ist enorm.

Verantwortungsvolle KI beinhaltet die Minimierung des Energieverbrauchs sowohl in KI-Programmen als auch mithilfe von künstlicher Intelligenz.

Siehe auch:

Frage 21. Ist KI von Nutzen?
Frage 35. Was sind neuronale Netze?
Frage 97. Kann ich ohne KI leben?

Was ist künstliche Intelligenz?

Antwort: Die Zukunft.

KI verändert sich und verändert unser Leben, ob wir es wollen oder nicht.

Siehe auch:

Frage 23. Warum erscheint KI in Filmen und Romanen als Bedrohung?
Frage 29. Welche Berufe werden nicht von KI betroffen sein?
Frage 97. Kann ich ohne KI leben?

Wie geht es mit der KI weiter?

Antwort: Das möchte ich auch wissen!

Lasst uns ein paar Vermutungen anstellen.

Technologische Fortschritte in der künstlichen Intelligenz werden die Fähigkeit von Computerprogrammen und Robotern verbessern, schwierigere Aufgaben autonomer auszuführen. Aber was sonst?

Die Zusammenarbeit zwischen Computer und Mensch ist ein Engpass: Wir verstehen uns noch nicht so gut. Dank Sprachmodellen können Spracherkennung, die Verarbeitung natürlicher Sprache und Sprachsynthese die Konversation mit Computerprogrammen erleichtern. Das Erkennen von Mimik und Gestik würde zusätzlich die Zusammenarbeit für die Menschen natürlicher machen. Sicher werden noch ganz neue Wege der Informationsübertragung zwischen Mensch und Maschine erfunden.

Und könnte KI genutzt werden, um das Wohlbefinden und die Lebensqualität der Menschen zu verbessern, ohne ständig danach zu streben, alles effizienter zu machen?

Anthropozentrismus ist ein interessantes Thema. Könnte man Computerprogramme dazu bringen, besser mit Menschen zusammenzuarbeiten und die Dinge aus ihrer Perspektive zu sehen? Anstatt dass sich der Mensch an Computerprogramme anpasst, würden sich die Programme mehr an die Nutzer anpassen. Je besser ein Programm seine Nutzer versteht, desto besser kann es ihnen helfen – oder auf der anderen Seite Menschen ausnutzen.

Das Interesse an KI-Ethik, Nichtdiskriminierung, Achtung der Privatsphäre und Fairness wird hoffentlich wachsen und sich in zukünftigen Computerprogrammen widerspiegeln.

Was ist mit künstlicher Intelligenz, die nicht nur Individuen, sondern auch Gemeinschaften und Gemeinschaftsgefühl unterstützt? Könnten die Computerprogramme der Zukunft die Zusammenarbeit und das Verständnis zwischen den Menschen unterstützen?

Siehe auch:

Frage 18. Wenn die KI alle Informationen erhalten würde, würde sie dann alles wissen?

Frage 19. Welche Aufgabe kann der Mensch erledigen, die ein KI-Programm niemals schaffen wird?

Frage 99. Wann läuft dieses Buch ab?

Wann wird die automatische Sprachübersetzung komplett fehlerfrei?

Antwort: Am Sankt-Nimmerleins-Tag!

Maschinelle Übersetzung befasst sich mit Wörtern und den Strukturen, die sie bilden, nicht mit den Bedeutungen von Texten. Das Ersetzen bloßer Strukturen und Wörter durch solche in anderen Sprachen bewahrt nicht unbedingt deren Bedeutung.

Sprache und ihr Gebrauch sind viel subtiler, als wir denken. Wörter, Sätze und Texte sind mehrdeutig und wir verwenden unbewusst viele Informationen, um sie zu produzieren und zu interpretieren. Ohne entsprechende Kenntnisse ist das Übersetzungsprogramm nicht in der Lage, geeignete Alternativen für die Übersetzung von Wörtern und Strukturen auszuwählen.

Da maschinelle Übersetzung nicht die Bedeutung, sondern den Text übersetzt, können die Ergebnisse albern sein – wie Googles Übersetzung der Wörterbuchdefinition des Wortes „Naivität":

Naivität (auch Naivität geschrieben), Naivität oder Naivität ist der Zustand der Naivität. Es bezieht sich auf einen scheinbaren oder tatsächlichen Mangel an Erfahrung und Wissen und beschreibt oft eine Vernachlässigung des Pragmatismus zugunsten des moralischen Idealismus. Ein Naiver kann als Naiv bezeichnet werden.

Am einfachsten zu übersetzen ist ein sachlicher Text, der aus einfachen Ausdrücken besteht. Das Übersetzen von Belletristik ist enorm schwieriger: Bedeutungen sind weniger offensichtlich und sprachliche Merkmale eines Textes, wie z. B. der Rhythmus, können wichtig sein. Lyrik ist wahrscheinlich die am schwierigsten zu übersetzende Textsorte.

Es gibt etwa 6.000 bis 7.000 Sprachen auf der Welt, von denen nur ein Bruchteil über ausreichend Material verfügt, um auf dessen Grundlage Übersetzungsprogramme zu entwickeln oder zu trainieren. Die Frage der automatischen Übersetzung betrifft daher vor allem die großen Sprachen und die reichen Länder. Auf der anderen Seite könnte die Entwicklung von Übersetzungsprogrammen für sehr kleine Sprachen dazu beitragen, sie am Leben zu erhalten.

Siehe auch:

Frage 41. Wie generiert KI Texte?
Frage 74. Warum ist Sprache für KI schwierig?
Frage 91. Wie geht es mit der KI weiter?

Was passiert mit der Kreativität, wenn KI es jedem erlaubt, kreativ zu sein?

Antwort: Sie wird gedeihen.

Mit KI-Programmen lassen sich Bilder und Videos sowie Musik, Text oder Ideen für unterschiedliche Bedürfnisse produzieren. Da kreative Werkzeuge immer einfacher zu bedienen sein werden, kann jeder der Künstler seines eigenen Lebens sein und Werke zu seinem eigenen Vergnügen schaffen. Es kann eine große Freude sein, etwas zu schaffen, das man sich nie hätte vorstellen können.

Ebenso können Arbeitsaufgaben neue kreative Dimensionen annehmen. Zum Beispiel kann die Arbeit eines Journalisten neben dem Schreiben auch das Erstellen von Illustrationen auf einem Computer umfassen. Die Erleichterung kreativer Aufgaben erschwert jedoch die Position der Kreativprofis: Wenn die Journalisten selbst die Bilder für ihre Artikel generieren, wird die Arbeit der Fotografen und Grafiker weniger. Auf der anderen Seite werden auch die Aufgaben der Redakteure weniger, wenn Texte mithilfe von Sprachmodellen generiert werden.

Was passiert mit der Qualität der Texte und Bilder, die wir konsumieren, wenn mehr künstliche Intelligenz und weniger professionelle Fähigkeiten eingesetzt werden, um sie zu produzieren? Es besteht die Gefahr einer Flut von glanzlosen und flachen Inhalten. Texte können glatt und Bilder hübsch sein, aber was ist, wenn es ihnen sowohl an Wahrheit als auch an Vision mangelt? Viele KI-Programme neigen zur Vorhersehbarkeit und Mittelmäßigkeit.

Obwohl oft die Fähigkeit von Programmen betont wird, Texte oder Bilder selbständig zu produzieren, liegt ihr wichtigster Nutzen, zumindest vorerst, darin, dem Benutzer zu helfen: beim Umformatieren von Text oder Teilen eines Bildes, beim Generieren von Ideen und bei routinemäßigen Aufgaben, wie dem Bearbeiten oder Vervollständigen von Texten oder Formularen. Qualitativ hochwertige und interessante Ergebnisse erfordern nach wie vor menschliche Einsicht bei der Formulierung von Aufgaben, der Überprüfung von Ergebnissen, der Neuformulierung von Aufgaben und der Verfeinerung von Ergebnissen, bevor sie in die endgültige Form gebracht werden können.

Siehe auch:

Frage 27. Kann KI als Künstler arbeiten?
Frage 57. Wie weiß generative KI, was sie generieren soll?
Frage 66. Die Bildgenerierung ist eine harmlose Anwendung, oder?

Wird KI unsere Intelligenz beeinflussen?

Antwort: Es scheint so.

In vielen Fällen können wir mithilfe von künstlicher Intelligenz mehr erreichen. Der Autopilot erledigt einen Großteil des Fliegens sogar sicherer als ein Pilot, und ein Fahrer, der einen Navigator verwendet, kann sich auf das Fahren selbst konzentrieren, anstatt auf eine Karte zu schauen.

KI-Programme machen uns zwar nicht schlauer, aber sie können uns dazu bringen, so zu tun, als wären wir schlauer. Die Suchmaschine ist ein klassisches Beispiel: Wir haben viel mehr Informationen zur Verfügung als ohne sie – und mithilfe von Sprachmodellen können wir sogar flexibel verschiedene Aufgaben ausführen.

Auf der anderen Seite kann KI unsere Fähigkeit beeinträchtigen, die Aufgaben zu erledigen, die Programme für uns erledigen. Die Fähigkeit des Navigator-Benutzers, eine normale Karte zu lesen, nimmt ab. Der Besitzer eines selbstfahrenden Autos erhält wenig Fahrererfahrung. Wenn ein Auto in einer schwierigen Situation einen Fahrer braucht, kann es sein, dass der Besitzer Probleme hat, wieder das Steuer zu übernehmen. Piloten üben ihre Fähigkeiten im Simulator, damit sie nicht vor dasselbe Problem gestellt werden.

Wir sind auch eine „Zielscheibe" für KI-Anwendungen. Ein Beispiel für die sowohl intelligent machende als auch verdummende Wirkung von künstlicher Intelligenz ist das „targeting" von Inhalten in sozialen Medien. Im besten Fall sehen wir interessante und nützliche Updates, im schlimmsten Fall werden wir süchtig nach Inhalten, mit denen wir eigentlich keine Zeit verbringen wollten oder sollten.

© Der/die Autor(en), exklusiv lizenziert an
Springer Fachmedien Wiesbaden GmbH, ein Teil von Springer Nature 2025
H. Toivonen und S. Kramer, *Was ist künstliche Intelligenz?*,
https://doi.org/10.1007/978-3-658-49787-3_94

Siehe auch:

Frage 37. Kann maschinelles Lernen einem Menschen etwas beibringen?
Frage 71. Kann ein Computerprogramm schlauer sein als seine Programmierer?
Frage 72. Was ist Intelligenz?

Wie wird sich Europa im KI-Rennen schlagen?

Antwort: Es muss eine Rolle einnehmen, die seiner Größe und Bedeutung angemessen ist.

Europa verfügt über vielfältige KI-Forschung, Unternehmen, die neue Innovationen schaffen, und qualitativ hochwertige Lehre. Die Kommerzialisierung gestaltet sich jedoch im Allgemeinen schwieriger.

Künstliche Intelligenz ist ein Spiel zwischen drei Akteuren. Die Vereinigten Staaten haben den größten wirtschaftlichen Erfolg und die größte Macht: Die meisten kommerziell führenden KI-Unternehmen kommen aus den Vereinigten Staaten. China hat die zweifelhafte Ehre, führend bei der Anwendung von Kontrollmethoden zu sein. Europa seinerseits zeichnet sich als Vorreiter für sichere, ethische und datenschutzkonforme KI aus. So schränkt beispielsweise die Europäische Datenschutzgrundverordnung (DSGVO) die Erhebung und Nutzung von Nutzerdaten ein, während das EU-Gesetz zur künstlichen Intelligenz („EU AI Act") KI-Risikoanwendungen einschränkt. Die Gesetze der Vereinigten Staaten sind viel lockerer, ganz zu schweigen von China.

Der Optimist glaubt ebenfalls, dass europäische KI-Forschung und -Entwicklung durch die strenge Gesetzgebung einen Wettbewerbsvorteil erlangen werden. Wenn Programme hier legal sind, sind sie anderswo legal, und es gibt Nutzer, die sich zum Beispiel Sorgen um ihre Privatsphäre machen, auch in Ländern, in denen sie nicht gesetzlich geschützt ist. Der Pessimist hingegen ist der Meinung, dass eine strenge Regulierung die Entwicklung verlangsamt und Unternehmen, die in Ländern mit lockererer Regulierung tätig sind, einen Wettbewerbsvorteil verschafft.

Siehe auch:

Frage 6. Wem gehört KI?
Frage 82. Ist KI eine Bedrohung für die Privatsphäre?
Frage 88. Haben KI-Giganten viel Macht?

Wird KI den Menschen die Arbeitsplätze wegnehmen?

Antwort: Sie nimmt Arbeitsplätze, sie schafft neue und sie verändert bestehende.

Aufgaben, die einfach und gut genug automatisiert werden können, werden automatisiert. Alles andere wäre eine Verschwendung, die sich weder Unternehmen noch öffentliche Auftraggeber leisten können. Mit der Entwicklung der künstlichen Intelligenz werden neue Aufgaben automatisiert, und die Arbeit verändert sich ständig.

Nach Angaben des Weltwirtschaftsforums verursachen künstliche Intelligenz und andere fortschrittliche Technologien eine große Transformation des Arbeitsmarktes, wobei ein Viertel der Arbeitsplätze ersetzt wird. Mehr als die Hälfte der befragten Unternehmen glaubt, dass neue Technologien wie künstliche Intelligenz die Zahl der Arbeitsplätze erhöhen werden, während ein Fünftel glaubt, dass die Zahl der Arbeitsplätze sinken wird. Im Jahr 2023 waren 34 % der Arbeitsplätze automatisiert, und in drei Jahren wird die Automatisierungsrate voraussichtlich 42 % betragen.

Am einfachsten zu automatisieren sind Routinetätigkeiten. Diese können zum Beispiel in der Buchhaltung und anderen klassischen Büroarbeiten, im Kundendienst, in der Produktion oder in der Lagerhaltung sein. Jedoch sind fast alle Berufe von Veränderungen betroffen, auch kreative und schreibende Berufe. Für die Analyse von Röntgen- und MRT-Bildern werden immer noch gut ausgebildete Radiologen benötigt, aber die Bilderkennung hilft, die grundlegende Arbeit schneller und genauer zu erledigen. Computerprogramme sind immer konsistent, ermüden nicht und sind immer verfügbar.

Die am meisten geschätzten Fähigkeiten von Mitarbeitern sind heute: analytisch, kreativ, flexibel, motiviert und neugierig zu sein – sowie künstliche Intelligenz zu beherrschen.

Neue Arbeitsplätze werden in der Entwicklung, Lehre, Wartung und Betreuung von KI-gestützten Anwendungen geschaffen. Wenn Roboter Lagerarbeiter ersetzen, werden Menschen im Lager benötigt, um die Lagerroboter zu überwachen und zu steuern und Ausnahmesituationen zu lösen. Darüber hinaus werden Arbeitsplätze in völlig neuen Bereichen geschaffen, die durch künstliche Intelligenz und Innovationen geschaffen werden. Historisch gesehen hat das Produktivitätswachstum das Wohlbefinden insgesamt erhöht, wenn auch nicht für jeden Einzelnen.

Siehe auch:

Frage 28. Welche Berufe werden nicht von KI betroffen sein?
Frage 43. Soll ich programmieren lernen?
Frage 52. Wird KI eine neue industrielle Revolution auslösen?

Kann ich ohne KI leben?

Antwort: Ja, wenn du auf eine einsame Insel ziehst.

Wenn unsere Eltern oder Großeltern auf KI verzichten konnten, würden wir es selbst auch können? Das wäre schwierig. Die heutige Gesellschaft nutzt KI in so vielen Bereichen, dass die Vermeidung von KI bedeuten würde, ein isoliertes und asketisches Leben zu führen.

Natürlich müsste auf Handys und Computer verzichtet werden, sie nutzen künstliche Intelligenz für viele Dinge. Das Telefon könnte nicht verwendet werden, da künstliche Intelligenz verwendet wird, um das Audiosignal des Anrufes zu verarbeiten und weiterzuleiten. Das Internet darf ebenfalls keine Rolle mehr spielen.

Auch Autos sind voller künstlicher Intelligenz. Seit 2004 sind in Europa Antiblockiersysteme und seit 2014 Stabilitätskontrolle Pflicht. Allerdings verfügt ein Fahrrad nicht über künstliche Intelligenz – es sei denn, es handelt sich um ein E-Bike oder Pedelec.

Was wäre das Leben ohne Strom? Künstliche Intelligenz wird bei der Erzeugung und Verteilung von Strom eingesetzt. Also schaltet das elektrische Licht aus, ja, und das fließende Wasser dazu – die Wasserverteilung verbraucht dummerweise Strom.

Eine Hütte in der Wildnis mag anziehend wirken. Was würdest du mitnehmen – Bücher? Bestelle keine neuen Werke, die künstliche Intelligenz beim Korrektorat, beim Satz, bei der Produktion und vielleicht sogar beim Inhalt einsetzen. Im Antiquariat findest du sicher Klassiker aus der Zeit vor der KI!

Siehe auch:

Frage 1. Wo kann ich künstliche Intelligenz ausprobieren?
Frage 14. Wie funktionieren Social-Media-Algorithmen?
Frage 21. Ist KI von Nutzen?

Ist KI zu fürchten?

Antwort: Zumindest sollte man vorsichtig sein.

KI sollte nicht gefürchtet werden, weil sie Bewusstsein erreichen oder sich in Rebellion erheben würde. Es besteht kein Risiko, dass KI die Initiative ergreift.

Die Risiken liegen darin, wie und wofür KI eingesetzt wird.

KI wird für ethisch falsche Zwecke eingesetzt, wie z.B. die Kontrolle von Menschen in autoritären Ländern und die Desinformation auch in Wahlkämpfen in demokratischen Ländern. Armeen nutzen KI, um Waffensysteme zu automatisieren, Kriminelle nutzen sie, um Daten zu fälschen und zu hacken.

KI wird aus Eigeninteresse eingesetzt, unabhängig von ihrem potenziellen Schaden. Soziale Medien nutzen künstliche Intelligenz, um süchtig machende Inhalte auszuwählen, Werbenetzwerke, um Anzeigen entsprechend der Art von Einfluss auszurichten, für den wir anfällig sind.

KI wird für neutrale Anwendungen eingesetzt, obwohl man ihre Nachteile kennt. Zum Beispiel werden Sprachmodelle und Bildverarbeitungsmodelle häufig mit Inhalten trainiert, von denen bekannt ist, dass sie falsch, anstößig und diskriminierend sind. Diese Inhalte können in den Ergebnissen der Modelle enden – und die Modelle werden unabhängig von ihrer Unzuverlässigkeit für verschiedene Anwendungen genutzt.

KI-Anwendungen, die für gute Zwecke entwickelt wurden, können auch schlechte Folgen haben. Sogar Technologie-Giganten, die über das Wissen und die Ressourcen verfügen sollten, um es besser machen zu können, können Schäden nicht vermeiden. Das vielleicht größte Risiko besteht darin, dass KI ohne ausreichendes Verständnis ihrer Funktionsweise oder ohne Rücksicht auf die damit verbundenen Risiken eingesetzt wird. Wer weiß, welche Folgen und Auswirkungen sie dann haben wird?

Siehe auch:

Frage 24. Muss ich mir Sorgen machen?
Frage 25. Hat die KI Fehler gemacht?
Frage 47. Worauf zielt KI ab?

Frage 99

Wann läuft dieses Buch ab?

Antwort: Das Mindesthaltbarkeitsdatum ist der 31.12.2027, das Produkt kann aber auch länger verwendbar bleiben.

KI-Methoden und -Programme entwickeln sich rasant, KI-Prinzipien langsamer. Die Fragen und Antworten in diesem Buch drehen sich hauptsächlich um Prinzipien, aber auch diese ändern sich schneller als in vielen anderen Bereichen.

Es gibt grundlegende Voraussetzungen, die sich nicht ändern werden – aber der technologische Fortschritt könnte deren Bedeutung verändert haben. Ein gutes Beispiel ist das maschinelle Lernen. Es hat eine Reihe von Randbedingungen: Je komplexer das zu erlernende Phänomen, desto komplexer wird das benötigte Modell sein (z. B. ein größer oder komplexer aufgebautes neuronales Netz). Je komplexer das Modell, desto umfangreicher müssen im Allgemeinen die Trainingsdaten sein. Je komplexer das Modell und folglich größer die Daten, desto mehr Rechenleistung wird benötigt.

An diesen Voraussetzungen hat sich nichts geändert, aber die Digitalisierung und das Internet haben die verfügbaren Datenmengen explodieren und die Entwicklung von Computern wiederum die Rechenleistung explodieren lassen. Jetzt können maschinelles Lernen und darauf basierende Sprachmodelle Ergebnisse erzielen, die vor einiger Zeit noch unmöglich schienen.

Damit verbunden ist ein wesentlicher Unsicherheitsfaktor in der Entwicklung der künstlichen Intelligenz: Es ist nicht klar, welche offenen Probleme durch die Erhöhung der Komplexität der Programme und die Vergrößerung der Datenmengen und der Rechenleistung gelöst werden und welche Probleme ohne signifikante neue Erfindungen zu schwierig zu lösen sein werden.

Glücklicherweise kann man von diesem Buch jederzeit eine aktualisierte Ausgabe bestellen!

Siehe auch:

Frage 19. Welche Aufgabe kann der Mensch erledigen, die ein KI-Programm niemals schaffen wird?
Frage 34. Was ist Verstärkungslernen („reinforcement learning")?
Frage 91. Wie geht es mit der KI weiter?

Was ist künstliche Intelligenz?

Antwort: Eine Geschichte.

Künstliche Intelligenz ist eine Geschichte, die verwendet wird, um zu erklären, wie Technologie funktioniert. Es ist eine Geschichte, die die Presse gerne teilt und die die Öffentlichkeit mit Neugier liest.

Künstliche Intelligenz ist eine Geschichte, die Informatikerinnen und Informatiker seit Jahrzehnten nutzen, um Forschungsgelder zu erhalten. Es ist eine Geschichte, deren Wert in den 2000er Jahren von Unternehmen entdeckt wurde. Es ist eine Geschichte, die verwendet wird, um Produkte und Dienstleistungen zu verkaufen und die Schaffung neuer Projekte zu rechtfertigen.

Künstliche Intelligenz ist eine Geschichte, die Computerprogramme menschenähnlich macht und ihre Funktionsweise verschleiert. In dieser Geschichte ist das *Computerprogramm* für seine eigenen Handlungen verantwortlich, nicht seine Schöpfer.

KI ist eine Geschichte, an die niemand glauben muss. Anstatt die Geschichte intelligenter Maschinen zu erzählen, können wir über Computerprogramme und Automatisierung sprechen und über ihre Entwicklung und ihre Auswirkungen auf unser Leben nachdenken.

Auf der anderen Seite kann jede Geschichte immer wieder neu erzählt werden. Jeder von uns kann die KI-Geschichte interpretieren, bearbeiten und eine eigene Version erstellen. Was ist deine Version?

Siehe auch:

Frage 23. Warum erscheint KI in Filmen und Romanen als Bedrohung?
Frage 63. Warum ist mit künstlicher Intelligenz eine Mystik verbunden?
Frage 68. Welche KI-Kompetenzen sollten Bürgerinnen und Bürger haben?

Weiterführende Literatur

Was ist künstliche Intelligenz?
European Parliament Think Tank, 8. Juni 2021: „What if we chose new metaphors for artificial intelligence?" https://www.europarl.europa.eu/thinktank/en/document/EPRS_ATA(2021)690024

Frage 5. Hat KI ein Geschlecht?
The Washington Post, opinion, 21. Dezember 2021: „Women are more likely to die or be injured in car crashes. There's a simple reason why." https://www.washingtonpost.com/opinions/2021/12/21/female-crash-test-dummies-nhtsa/

Reuters, 11. Oktober 2018: „Amazon scraps secret AI recruiting tool that showed bias against women" https://reut.rs/2Od9fPr

L. Weidinger und andere, ACM Conference on Fairness, Accountability, and Transparency, 2022: „Taxonomy of Risks posed by Language Models" https://doi.org/10.1145/3531146.3533088

Statistisches Bundesamt Deutschland, Pressemitteilung Nr. 481 vom 15. Dezember 2023: „28 % Frauenanteil in der Professorenschaft 2022" https://www.destatis.de/DE/Presse/Pressemitteilungen/2023/12/PD23_481_213.html

Bundesamt für Statistik in der Schweiz: „Universitäre Hochschulen" https://www.bfs.admin.ch/bfs/de/home/statistiken/bildung-wissenschaft/personal-bildungsinstitutionen/tertiaerstufe-hochschulen/universitaere-hochschulen.html

Bundeskanzleramt Österreich: „Frauen und Männer in Österreich" https://www.bundeskanzleramt.gv.at/agenda/frauen-und-gleichstellung/gender-mainstreaming-und-budgeting/gender-daten-index.html

Frage 8. Was ist gute KI?
Université de Montréal, 2018: „Montréal Declaration for a Responsible Development of Artificial Intelligence" https://montrealdeclaration-responsibleai.com

Frage 9. Wer hat die KI erfunden?
J. McCarthy und andere, 31. August 1955 (neu veröffentlicht im AI Magazine 2006): „A Proposal for the Dartmouth Summer Research Project on Artificial Intelligence" https://doi.org/10.1609/aimag.v27i4.1904

Frage 18. Wenn die KI alle Informationen erhalten würde, würde sie dann alles wissen?
Wikipedia: „Cyc" https://de.wikipedia.org/wiki/Cyc
Cycorp: „Platform – Cyc" https://cyc.com/platform/

Frage 21. Ist KI von Nutzen?
Wikipedia: „Anwendungen künstlicher Intelligenz" https://de.wikipedia.org/wiki/Anwendungen_künstlicher_Intelligenz
The International Telecommunication Union (ITU): „AI for Good, Global Summit" https://www.itu.int/en/ITU-T/AI/

Frage 22. Kann KI zur Entwicklung von Medikamenten eingesetzt werden?
F. Urbina und andere, Nature Machine Intelligence, März 2022: „Dual use of artificial-intelligence-powered drug discovery" https://www.nature.com/articles/s42256-022-00465-9.epdf

Frage 25. Hat die KI Fehler gemacht?
BBC News, 23. April 2021: „Convicted Post Office workers have names cleared" https://www.bbc.com/news/business-56859357
Post Office Horizon IT Inquiry, 8. Juli 2025: „Volume 1 of the Post Office Horizon IT Inquiry's final report, focusing on the human impact of the scandal and redress" https://www.postofficehorizoninquiry.org.uk/volume-1-post-office-horizon-it-inquirys-final-report
STAT+, 25. Juli 2018: „IBM's Watson supercomputer recommended 'unsafe and incorrect' cancer treatments, internal documents show" https://www.statnews.com/2018/07/25/ibm-watson-recommended-unsafe-incorrect-treatments/
The Guardian, 24. März 2016: „Tay, Microsoft's AI chatbot, gets a crash course in racism from Twitter" https://www.theguardian.com/technology/2016/mar/24/tay-microsofts-ai-chatbot-gets-a-crash-course-in-racism-from-twitter
American Civil Liberties Union ACLU, 26. Juli 2018: „Amazon's Face Recognition Falsely Matched 28 Members of Congress With Mugshots" https://www.aclu.org/news/privacy-technology/amazons-face-recognition-falsely-matched-28
BBC News, 1. Juli 2015: „Google apologises for Photos app's racist blunder" https://www.bbc.com/news/technology-33347866
Wired, 12. November 2017: „Hackers Say They've Broken Face ID a Week After iPhone X Release" https://www.wired.com/story/hackers-say-broke-face-id-security/

Frage 26. Kann maschinelles Lernen Diskriminierung beseitigen?
ProPublica, 5. April 2017: „Minority Neighborhoods Pay Higher Car Insurance Premiums Than White Areas With the Same Risk" https://www.propublica.org/article/minority-neighborhoods-higher-car-insurance-premiums-white-areas-same-risk
Y. Wang und M. Kosinski, Journal of Personality and Social Psychology, 2018: „Deep neural networks are more accurate than humans at detecting sexual orientation from facial images" https://doi.org/10.1037/pspa0000098
B. Aguera y Arcas, Medium, 11. Januar 2018: „Do algorithms reveal sexual orientation or just expose our stereotypes?" https://medium.com/@blaisea/do-algorithms-reveal-sexual-orientation-or-just-expose-our-stereotypes-d998fafdf477
M. Kosinski, Scientific Reports, 2021: „Facial recognition technology can expose political orientation from naturalistic facial images" https://doi.org/10.1038/s41598-020-79310-1

Frage 30. Was ist künstliche Intelligenz?
International Joint Conference on Artificial Intelligence (IJCAI), 2024: „Proceedings" https://www.ijcai.org/proceedings/2024/

Frage 39. Welche Werte haben KI-Forscher?
A. Birhane und andere, ACM Conference on Fairness, Accountability, and Transparency, 2022: „The Values Encoded in Machine Learning Research" https://doi.org/10.1145/3531146.3533083

Frage 41. Wie generiert KI Texte?
Chinesische Kühlschrankmagnete sind eine Adaption des Gedankenexperiments von John Searle aus dem Jahr 1980:
Wikipedia: „Chinesisches Zimmer" https://de.wikipedia.org/wiki/Chinesisches_Zimmer

Frage 48. Wie trifft KI Entscheidungen?
The Finnish Tax Administration: „Finnish Tax Administration's ethical principles for AI" https://www.vero.fi/en/About-us/finnish-tax-administration/operations/responsibility/finnish-tax-administrations-ethical-principles-for-ai/

Frage 61. Was denken die Menschen über KI?
B. Zhang, Open Science Framework OSF, 18. Oktober 2021: „Public Opinion Toward Artificial Intelligence" https://doi.org/10.31219/osf.io/284sm (Hinweis: Auf Seite 5 befindet sich ein Druckfehler: In den Regionen, die am negativsten gegenüber KI eingestellt sind, d. h. in Lateinamerika und der Karibik, glauben 49 % der Befragten, dass KI mehr schadet als nützt,

während 26 % mehr Nutzen sehen. Die ursprüngliche Quelle dieser Information ist unten aufgeführt.)
L-M. Neudert und andere, Oxford Commission on AI & Good Governance, 7. Oktober 2020: „Global Attitudes Towards AI, Machine Learning & Automated Decision Making" https://oxcaigg.oii.ox.ac.uk/publications/global-attitudes-towards-ai-machine-learning-automated-decision-making-2/

Frage 65. Ist KI unvoreingenommen?
Hannah Fry, C.H Beck, 2019: „Hello World: Was Algorithmen können und wie sie unser Leben verändern"
AI Incident Database, 23. Januar 2013: „Incident 19: Sexist and Racist Google Adsense Advertisements" https://incidentdatabase.ai/cite/19
A. Datta und andere, Privacy Enhancing Technologies Symposium 2015: „Automated Experiments on Ad Privacy Settings" https://doi.org/10.1515/popets-2015-0007

Frage 66. Die Bildgenerierung ist eine harmlose Anwendung, oder?
AI Incident Database, 1. April 2022: „Incident 179: DALL-E 2 Reported for Gender and Racially Biased Outputs" https://incidentdatabase.ai/cite/179

Frage 68. Welche KI-Kompetenzen sollten Bürgerinnen und Bürger haben?
The Elements of AI -Onlinekurs über Künstliche Intelligenz https://www.elementsofai.de

Frage 77. Kann KI kreativ sein?
Association for Computational Creativity https://computationalcreativity.net

Frage 80. Was ist künstliche Intelligenz?
Das EU-Gesetz zur künstlichen Intelligenz, Verordnung (EU) 2024/1689 des Europäischen Parlaments und des Rates vom 13. Juni 2024: https://eur-lex.europa.eu/eli/reg/2024/1689/oj?locale=de

Frage 81. Wer ist verantwortlich, wenn ein KI-gesteuertes Auto einen Unfall hat?
BBC News, 16. September 2020: „Uber's self-driving operator charged over fatal crash" https://www.bbc.com/news/technology-54175359
NBC News, 22. Januar 2022: „Tesla driver charged with manslaughter in deadly Autopilot crash raises new legal questions about automated driving tech" https://www.nbcnews.com/news/us-news/tesla-driver-charged-manslaughter-deadly-autopilot-crash-raises-new-le-rcna12987
Volvo Cars, Press release, 7. Oktober 2015: „US urged to establish nationwide Federal guidelines for autonomous driving" https://www.media.volvocars.com/global/en-gb/media/pressreleases/167975/us-urged-to-establish-nationwide-federal-guidelines-for-autonomous-driving

Frage 82. Ist KI eine Bedrohung für die Privatsphäre?
AI Incident Database, 1. Juli 2017: „Incident 183: Airbnb's Trustworthiness Algorithm Allegedly Banned Users without Explanation, and Discriminated against Sex Workers" https://incidentdatabase.ai/cite/183
Forbes, 20. Oktober 2022: „TikTok Parent ByteDance Planned To Use TikTok To Monitor The Physical Location Of Specific American Citizens" https://www.forbes.com/sites/emilybaker-white/2022/10/20/tiktok-bytedance-surveillance-american-user-data/

Frage 83. Sollten KI-Programme wie Autos auf ihre Sicherheit überprüft werden?
EU-Verordnung über künstliche Intelligenz: siehe Quellen zur Frage „80. Was ist künstliche Intelligenz?"

Frage 89. Wie viel Energie verbraucht KI?
Forbes, 23. März 2024: „AI Is Pushing The World Toward An Energy Crisis" https://www.forbes.com/sites/arielcohen/2024/05/23/ai-is-pushing-the-world-towards-an-energy-crisis/
A. Chowdhery und andere, arXiv:2204.02311: „PaLM: Scaling Language Modeling with Pathways" https://arxiv.org/abs/2204.02311
Wikipedia: „IT energy management" https://en.wikipedia.org/wiki/IT_energy_management
D. Wolpert, Scientific American, Blog, 4. Oktober 2018: „Why Do Computers Use So Much Energy?" https://blogs.scientificamerican.com/observations/why-do-computers-use-so-much-energy/

Frage 96. Wird KI den Menschen die Arbeitsplätze wegnehmen?
World Economic Forum, 2023: „The Future of Jobs Report" https://www.weforum.org/reports/the-future-of-jobs-report-2023/

Frage 98. Ist KI zu fürchten?
Responsible AI Collaborative: „AI Incident Database" https://incidentdatabase.ai

Frage 100. Was ist künstliche Intelligenz?
Die Metapher „Künstliche Intelligenz ist eine Geschichte" stammt aus folgendem Buch:
J. Lanier, Hoffman und Kampe Verlag, 2018: „Zehn Gründe, warum du deine Social Media Accounts sofort löschen musst"

Alle Seiten zuletzt aufgerufen am 27.08.2025.

GPSR Compliance
The European Union's (EU) General Product Safety Regulation (GPSR) is a set
of rules that requires consumer products to be safe and our obligations to
ensure this.

If you have any concerns about our products, you can contact us on

ProductSafety@springernature.com

In case Publisher is established outside the EU, the EU authorized
representative is:

Springer Nature Customer Service Center GmbH
Europaplatz 3
69115 Heidelberg, Germany

www.ingramcontent.com/pod-product-compliance
Lightning Source LLC
LaVergne TN
LVHW012043070526
838202LV00056B/5577